天下文化
BELIEVE IN READING

點亮藝術力

打造有感學習的創意課堂，讓天賦發光，培養面對未來的關鍵能力

SUPER教師 孫菊君——著

BEP065

目錄

contents

第二章　觀念篇：藝術課堂的美麗與哀愁 45

第三章　心法篇：交出課堂主導權

推薦序

點亮生命力

張輝誠（學思達教育基金會創辦人）

這本書，不只是一本點亮藝術力的書，更是一位藝術老師娓娓道來，在教學專業如何自我精進與突破，在長期教學困境的內在心境如何轉折與改變，在實踐學思達過程中是如何重新連結到自我渴望、價值感與生命力，以及一位看似平凡的教師如何透過教學專業的精進與突破，透過勇敢、熱情與行動力，率先打開教室，開創社群，擴大影響力，點亮更多教師和學生的藝術心靈之書。

菊君是我師大的學妹，也是內人的大學好友，我們認識超過二十年了，當年她憑著優異學科成績加持，成為全台美術學系考生榜首。我看過這本書之後，才知道非術科出身的她，在美術系求學時遭遇不少挫折與苦頭，畢業後她分發到國中任教，憑著優異專業素養，在美術教師圈依然活躍，也有不錯表現。但我隱隱然感覺，像菊君潛質如此優異的老師，如果她願意接觸學思達，在教學現場做出巨大突破，她的潛能應該更能淋漓盡致發揮出來。當時，我已經隨時開放教室，四處分享「學思達」，但大多採取姜太公釣魚，願者上鉤的方式，因此甚少主動向親友們推薦學思達，並且將主力放在改變「考試學科」從頭到尾單向講述的教學方式，故不曾向菊君說起「學思達」。

我看了這本書之後，才知道菊君當初是透過學校同事分享（一開始也頗不以為然），然後因緣際會在網路上看到我在台大演講的錄影——

關鍵來了。觀看影片之後的菊君，可以什麼反應都沒有，甚至感到不以為然（如她第一次聽學校同事分享），或者認為學長張輝誠也太自以為是了吧（兩者都是看完影片後有些老師的反應）！但究竟為什麼，菊君沒再有這種反應，而是變成深受震撼與感動？即使她深受震撼之際，她也可以讓感動只存留心中，並隨時間流逝而減少、消退。但菊君反倒馬上興起了「有為者，亦若是」的具體行動，很快在課堂上嘗試學思達（由此可見她的自學能力，她後來自學「學思達」的歷程，正是強大自學能力的具體展現。又如本書中引用的各種書籍正是她廣泛自學閱讀的成果），並很快取得成功經驗（菊君老師之所以能快速成功，與她原本就具備的優異素養、多元能力有關，因為在單向講述課堂派不上用場的能力，轉換到學思達課堂，突然變得異常重要，缺一不可）。

之後，又發生了什麼事？菊君老師在初嘗學思達成功之後，願意在我的鼓勵（或者說慫恿）之下，就毅然決然隨時開放教室（這是全台第一間美術科隨時開放教室），這得需要克服多少困難和壓力？這種「雖千萬人吾往矣」的勇氣與堅毅，菊君老師又是如何產生？

當她開放教室愈來愈駕輕就熟、學思達講義愈編愈精良、前來觀課的老師愈來愈多，佳評讚譽愈來愈豐，又發生了什麼事？菊君也可以這樣經營一番小天地，怡然自樂就好了，但她卻又自發籌辦「社群」（在沒有任何資源，時間又非假日的晚上），然後竟然會有老師不辭路遙時晚，從桃園、新竹，甚至台中，遠赴新北市來參加菊君主辦的社群，人數從少到多，然後社群又成長滋生到其他縣市也開設出新社群，影響了愈來愈多藝術領域的老師們。——這些衝勁、自信、認真、努力、影響力，在菊君身上又是如何產生？

這些，都可以從菊君好文筆寫成的這本書看到答案。更重要的是，這本書更是一位好老師，菊君，內在生命的轉折，重新連結了自己的渴望，找回信心、價值、意義和能量，在教學課堂中每分每秒滋養自己，同時也滋養學生，更願意將這份滋養擴散出去，滋養更多老師，自立立人，一起迎向未來——這樣的滋養，是多麼美好的循環啊！

作者序

點亮無限可能的藝術原力

老妹和我分享幼兒園小女兒的回家作業。小媛媛剛從蒲公英班升到蘭花草班，這一頁是中班「語文遊戲」第八回作業。作業指示是依照詞意在空格內貼上或是畫出正確的圖。格子裡有五個動物詞彙：大象、花豹、獅子、斑馬和老虎。妹夫看了作業內心嘀咕著：要畫出動物啊！這麼難的功課，豈不是給家長添麻煩？我哪畫得出來啊！

正當大人們開始抓起手機上網搜尋時，只見媛媛拿起鉛筆，想都沒想，三兩下就畫好了，驚呆爸媽！她那唸國中的哥哥，瞄一眼後驚呼：「好厲害，畫得比倉頡還好！」大象的長鼻、花豹的斑點、獅子的鬃毛、斑馬和老虎的斑紋與身形，完全凸顯出重要特徵（見十二頁，圖一）。她一定觀察或描述過這些動物圖像，才能夠一揮而就，毫不遲疑。那線條的美感與力度，是多麼具有生命力！

我看到幼童身上那種出於本源的創造力與自信，對照大人們下筆前的戰戰兢兢，下筆後的塗塗改改，不禁感嘆，對藝術表現與生俱來的渴望與衝動，早在制式教育的窠臼中消磨殆盡。這是多麼可惜的事！而這種現象不只發生在成年人，更早已發生在國中階段——我的教學現場。

藝術教育家羅恩菲爾（Viktor Lowenfeld）經典著作《創造與心智成長》，對兒童繪畫發展階段有深入探究。九到十三歲的孩子對周遭具體情境、人我關係的認知逐漸成形，企盼如實描繪。若沒有適合的學習路徑可以支持，很容易早早喪失對藝術表達

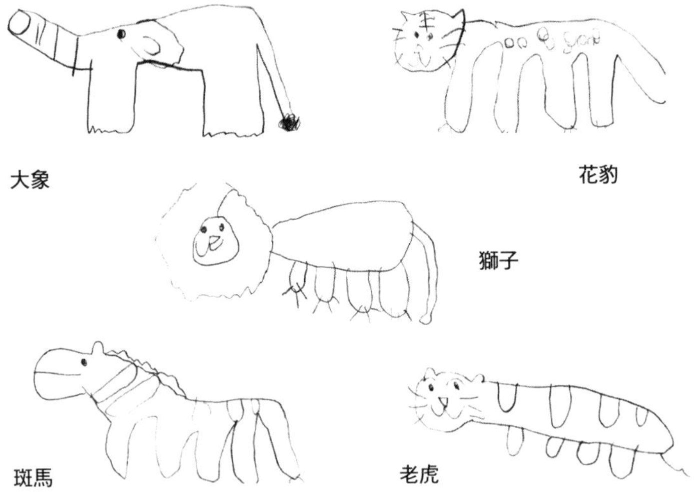

圖一：媛媛筆下生動的大象、花豹、獅子、斑馬和老虎

的信心，更有甚者，從此與藝術分道揚鑣，老死不相往來。

羅恩菲爾曾說：「如果有一種藝術教學法，能使個人產生自信並使他們有奮發向上的欲望，從而釋放出個人的內在特質，那就是好的教學法。」

身為資深藝術老師，我自問教學是否做到這樣的期許，確實曾因為個人努力指導，激發幾位對繪畫有強烈興趣的孩子全力以赴，獲得全國競賽獎項。但是羅老接著提醒：這個方法必須要適用於大多數學生，才算是適合於我們的教育系統，特別應照顧學生的心理需要，讓學習熱忱自然而生。

要怎麼讓「大多數」孩子都能夠藉由藝術課，依著心理需要而釋放個人特質，進而自在表達？我做得到嗎？

一〇八課綱上路，推播整個台灣教育圈翻轉教學的巨浪，也深深衝擊著我。我驚喜的發現，改變並不痛苦，只需要走出舒適圈的一點勇氣。剛開始獨身匍匐前行，邊試邊修，路徑竟然就被勇敢的踏了出來。走著走著，更多豐沛的新養分灌注，讓我慢慢整理出一套讓學生眼睛亮起來的方法。

這本書爬梳這一切，包含自己學習歷程的「黑歷史」。而正在閱讀本書的讀者，無論是不是藝術相關從業人員，一定可以同感過去所經歷制式僵化的學習階段，那種困惑與無奈。這不僅只存在於藝術課，更在許許多多如同工廠裝配線的教學現場，消磨著年輕心靈的學習胃口。

你曾在藝術課因為習得無助而留下陰影嗎？

你曾以為藝術課是可有可無的附屬科目嗎？

這本書或許能夠讓你重新體會學習藝術的積極價值。藝術所能磨練的感知敏覺、啟動的創意思考、激發的澎湃熱情，將是在ＡＩ浪潮之下，每個人面對生存挑戰的重要關鍵。

我深信，你、我和我們的孩子，都可以從寬廣的萬象世界與深邃的內在美麗，提取源源不絕的創意寶庫，點亮藝術力，輝映那條通往未來的道路！

前言

面對AI新世界 藝術力是關鍵

面對AI新世界，學生需要深化自學能力、思辨能力、情緒管理力、溝通協調力與創發力。

藝術教育能藉由各種藝術形式傳達情感，激發學生的感知、推理與想像，促進創意及思考的能力。藝術教育的多元視野，可以給予學生「追隨熱情」的堅強支持。

0-1 ＡＩ世代人才關鍵字：創意與熱情

迎向ＡＩ人工智慧浪潮

二〇一八年八月九日，因為學思達團隊推薦，得以擠進由遠見・天下文化事業群舉辦，李開復先生主講的「ＡＩ新世界」論壇。坦白說，在此之前，我從來沒有認真關注過ＡＩ人工智慧，甚至並不覺得對文科生或藝術人來說，有深入了解ＡＩ的必要。但是，聽完李先生演講後，我大受震撼，那是第一次，有感於ＡＩ與個人生活、與社會國家，最重要的，是與我自己身為教師之間的關聯。

李先生的演講，介紹目前為止四波的ＡＩ人工智慧浪潮：互聯網ＡＩ、商用ＡＩ、感知ＡＩ到自主ＡＩ，與各種ＡＩ在生活上的運用，更重要的概念是：人們將不得不

面對未來十五到三十年間，無可迴避的由AI自動化取代勞動人力的趨勢。而這個取代過程，已經啟動。

即使AI人工智慧有驚人的能力，但是以目前技術發展趨勢看來，它的弱點在於缺乏「創造力」，更沒有「關愛心」。畢竟AI仍是人類的工具，需要數據與演算法的餵養，才足以找到資料間的關聯性，進而優化判斷與決策。因此，如何將重複操作性高的低階勞動人力，以及容易被數據優化所取代的職業，往社交與情商能力要求更高的互動性工作任務邁進，將是迎向AI時代的重要思考。

在「AI新世界」論壇中，李先生給職場工作者的建議是：請接受重複性工作將消失的現實，多關注可發揮人類關愛特質的服務業，發展個人情商和軟實力，盡早學習使用AI工具。而對未來人才的培養，「啟發創意，追隨熱情」將是最重要的面向。

面對AI新世界，教學新挑戰

回到教育層面，教學勢必要往「啟發創意，追隨熱情」的方向邁進。如何加強創造力、STEAM和高EQ情商，包含溝通、表達、讓人喜愛，以及為人信任的能力，重視個人化學習，是身為教育工作者必須面對的挑戰及改變。

「ＡＩ新世界」論壇當晚，學思達創辦人張輝誠老師在會後邀請李開復先生，希望他可以在二〇一八年學思達亞洲年會擔任主講嘉賓，為老師們演講ＡＩ趨勢，可惜李先生另有行程無法允諾。

輝誠老師數日後見到我，懇切的邀我主持十二月亞洲年會領航論壇中的主題討論場：「ＡＩ新世界，教學如何轉變」。本於當初參加論壇時所受到的震撼與衝擊，同時明白輝誠老師在年會特別安排這個場次的用心良苦，原只是藝術老師背景的我，誠惶誠恐的答應了。在與劉繼文老師和胡中中教官的合作下，我們爬梳了ＡＩ在目前教育領域可見的應用案例，並對現場五百位老師展開提問：

一、**「教師」這項職業**

- 在ＡＩ浪潮下會有什麼取代風險？
- 身為教育工作者，要如何應變？

二、**請思考**

- 學生最需要深化的是哪些能力？

• 自己的教學情境如何應變與調整，協助學生面對未來十五年的AI浪潮？

現場有台灣各地、各學層、各科別的老師、主任、校長，也有來自新加坡、馬來西亞、香港、中國大陸的教育工作者，以三人小組為單位，針對上列設問分組討論，期間氣氛熱絡，短暫時間內與會老師進行深入的意見交流，可見老師們對AI浪潮下教育如何轉變的議題相當關切。最後得出深刻的共識結論：

一、知識的單向灌輸，將會被AI全面取代，大班傳授也會轉向個別化教學。機器人可以無限次講授，並即時根據數據進行診斷，提供個人最佳的學習方式。

二、身為教育工作者，不再只是傳道授業解惑，必須建立開放的學習環境與適性引導，給予情感教育的陪伴與品德教育的培養。並提高教學者的位階，熟悉使用AI融入教學的數位能力，讓AI處理低階繁瑣的事務（如作業批改、錯題回饋），讓老師更專注於品格、思辨、自學、協作、溝通等提升軟實力的培養與發展。

三、AI浪潮底下，學生需要深化自學能力（找出關鍵方向與方法）、思辨能力（判斷訊息來源與正確度）、情緒管理力（安頓自我與同理他人），以及溝通協調力與創意等等。

四、教學應聚焦於解決問題的思考歷程與創發，結合生活情境，採用分組協作，提供舞台讓學生充分表達想法，引導並鼓勵學生發表不同觀點。

所有的結論，都指向符應一〇八課綱的核心素養：「自主行動」、「溝通互動」、「社會參與」。而數位政委唐鳳在談到ＡＩ與一〇八課綱的連結，是這麼詮釋的：尋找自己的價值是「自發」，人與人之間用各自擅長技能相互連結與合作是「互動」，而開發共同的價值是「共好」。

一〇八課綱的「核心素養」，強調「學習不宜以學科知識及技能為限，而應關注學習與生活的結合，透過實踐力行而彰顯學習者的全人發展」。這個能夠彰顯學習者「全人發展」，並且以「成就每一個學生——適性揚才，終身學習」為願景的理想，該如何具體落實在課堂教學？相信經過ＡＩ趨勢衝擊之下，每位與會老師當天都帶著此一課題回到自己的教室，並對教學改變的急迫性毫無懷疑。

我著眼於李開復先生所說的「啟發創意，追隨熱情」。

對於創意的啟發，正是藝術領域教學深切關注的部分。放眼現在學生每天在校園所接觸的各種學科課程，要說可以直接觸及到創造力的探索與發展，還真不如藝術領域來得親近有感。

一〇八「藝術領域十二年國民基本教育課程綱要」（簡稱藝術領綱）主張「經由多元的藝術學習與美感經驗的累積，培養以學生為中心的感知覺察、審美思考與創意表現能力」。藝術教育有其本質與特性，能藉由各種藝術形式傳達情感，激發學生的感知、推理與想像，促進其創意及思考的能力。

而熱情的追隨，則本於個人的興趣與關懷，我認為應該包含：什麼是你所熱愛的？什麼是你所擅長的？如果你可以改變一些事，那會是什麼？

我們的課堂，是否有機會讓學生思考這些問題，並依著自己的熱愛及專長，試著去探索，去參與？或是試著去改變一些事，讓世界更美好？我深信藝術教育的多元視野，可以給予學生「追隨熱情」的堅強支持。

在生活環境中多方探知，發現自己的潛能，發展自己的優勢，強化自己的能力，建立人與自己、人與他人、人與環境的理解、尊重、同理與關懷。當學生可以投注熱情自學探究，並主動與他人合作共創，發揮創意解決問題，反覆嘗試不怕失敗，根據反饋修改調整，我們將可以放心，學生將以強大的創意與熱情，迎向ＡＩ時代的任何挑戰。

◎共鳴閱讀觀點

李開復，《AI新世界》（天下文化，二〇一八年七月）

身為教育工作者，必須時時自問，教學是否足以帶領學生面對ＡＩ浪潮。由於「創意」與「關愛」是ＡＩ人工智慧所缺乏的，在可預見的未來，除了數據演算法的數位人才之外，社交與服務型相關工作，勢必成為熱門行業。即使目前的服務產業，在台灣不管是薪酬或社會地位，都還遠遠為社會大眾所忽視。教師在課堂上培養學生傾聽、同理、關懷的「愛人與被愛」能力之必須，刻不容緩。

《ＡＩ新世界》中，相當具體的提出人類與ＡＩ共存的藍圖：「人機協作：ＡＩ優化任務＋人類提供協助」。ＡＩ負責執行例行性工作的優化任務，人類則負責執行需要創意和策略思維的工作，以及關愛性質的人際社交工作。「人機協作」將可以解放人類於無止境的重複性工作，轉而聚焦於人之所以為人的價值，也就是「愛人與被愛」。

對於《AI新世界》結語——「AI時代的覺醒」，我特別有共鳴：

一、人類將可以從重複性工作得到解脫，對「人之何以為人」的精神層面意義有所思考。無論東西方，許多靈性導師都提到了「一個新世界」的概念，也就是人類覺醒而躍升的新文明樣態。因為AI，我的想像得以有一個概括卻實在的輪廓。

二、人類將因為擁有自由意識，而得到撰寫自己生命結局的選擇與責任。

第一章

改變第一步 從零開始也無妨

怎樣才能做到上課時「沒有一個學生睡覺，沒有一個學生不專注」？要維持學生的學習動機，激發他們願意主動積極的學習心態，就從翻轉教室開始。

1-1 教學改變之路的起點

起心動念的那個時刻

時間回到二〇一四年八月。當時我教學已過十個年頭，在學校屬於中生代，積極參與藝術深耕等相關計畫，成果備受肯定，上課態度認真積極，在同事與學生間也頗受好評。一切都在軌道上穩健前行，教學工作對我而言不算費力，在一年又一年的例行業務間，卻也沒有太多火花與感動。

而我的前輩與同儕，大家都在教學工作駕輕就熟之後，開始追求更多自己的愛好與興趣，譬如：拾起畫筆鍛鍊畫技，以成為金獎專業畫家為目標；拾起刨刀電鑽，一頭栽入木工自造領域；拾起大小戳針，一針針戳出美麗又療癒的羊毛氈世界。而隨身攜帶速寫畫具成為我的標準配備，一有閒暇時間，我便會掏出紙筆開始速寫，同時積極參與假日速寫畫聚與畫友聯展，甚至在咖啡館舉辦多次速寫個展。雖然因此能把個人的熱情與愛好帶入藝術教學，也發展出相當有特色的速寫課程，並深信速寫所重視的即景觀察，對培養學生的藝術之眼大有助益。但是，我必須承認，受益學生非常有限，只好自我安慰，畢竟學生的慧根各自不同，只能渡化有緣人。

那時候，所謂的「駕輕就熟」，就是幾乎不需要備課。視覺藝術課沒有統一進度，沒有定期考試，充分享有教學自主，沒有人會來檢核課堂教學，自然也沒有績效壓力。我以為教學生涯就會依循這樣的上課下課節奏，一直延續到退休，同時也一心一意期待，有朝一日擺脫教師身分後，便可以盡情投入個人創作的美好生活，更不要說ＡＩ人工智慧對我而言，還只是科幻電影中的劇情。

這樣的生活悠悠哉哉，卻也迷迷茫茫。若問自己對教職工作是否滿意，我並無答案。檢視自己的生活，自由自在舒適溫暖，可謂處於理想狀況，比之許多流浪教師還在教甄苦海載浮載沉，實在沒有理由埋怨。但是，那種胸臆之間空空蕩蕩的虛無感，因何而起？那種走在校園孤身一人的寂寞感，所由何來？

二〇一四年暑假，家人住院療養，我在醫院照看期間，坐在病床旁百無聊賴的滑著手機。突然，熟悉的身影映入眼前。唔！是輝誠學長。YouTube 影片標題是：「2014 翻轉教室工作坊：學思達教學法（1／5）／張輝誠老師」＊。

輝誠學長推廣「學思達教學法」，我略有所聞，但在此之前，絲毫沒有任何想要了解的興趣。記得學期結束前，在學校藝文辦公室內，坐在我對面的前輩陳老師知道我認識張輝誠老師，便向我問起這件事。陳老師提到他的同學在高中任教，對張輝誠老師的學思達教學法極為推崇與著迷。於是我們一起討論學思達所標榜的改變填鴨教育的自學、思考和表達，帶著嘲諷心態自以為是的妄下結論：第一，輝誠老師任教的是中山女高的菁英學生（所謂有靈性的少女），要自學自然容易，但我們面對的是資質較為「駑鈍」，甚或「頑劣」的國中生；第二，藝術教學不同於文科，本來就不是整節課正襟危坐，照本宣科，學生從做中學的比例高出許多，也沒有是非選擇題的紙筆測驗，靈活的藝術教學早就「學思達」了，是你們文科老師現在才想通。

帶著自身的本位主義心態，我意興闌珊的看著影片，想打發閒得發慌的時間。輝誠老師在演講影片一開始，便提出幾個振聾發聵的問題：

「為什麼老師不敢『隨時』開放教室讓人參觀？」捫心自問，我也不敢。要參觀可以，總得挑表現好的班級和不容易出錯的時間吧！萬一因為自己或學生狀況不好有個閃失，造成場面失控，多麼難堪。

「怎樣才能做到上課時『沒有一個學生睡覺，沒有一個學生不專注』？」我被這個問題重重棒喝而陷入沉思。長久的教學歷程，讓我覺得困難的，永遠不是課程應該如何設計。要把課程內容講得清楚，講得好玩，我很有把握，可是要讓全部學生願意聽講。願意投入，持續專注，甚至願意產出，進行團隊合作，上台發表，只要是牽涉學生那端的表現，我完全沒有信心可以掌控。換句話說，我無法持續維持學生的學習動機，更無法激發他們主動積極的學習心態。

那一天，在燈光熹微的床榻邊，幾乎就要被自己的無助所淹沒。這支影片是輝誠老師在二〇一四年一月台大翻轉教室工作坊的演講，共有五段，一口氣看完之後，再看完同年六月他於逢甲大學演講的四段「張輝誠 學思達教學法具體操作法」*，爾後難以

*「2014 翻轉教室工作坊：學思達教學法」影片
https://reurl.cc/ynGz8O

*「張輝誠 學思達教學法具體操作法 1」影片，共有四段，可逐一瀏覽
https://reurl.cc/WE7pbx

自拔的繼續在網路上搜索任何「學思達」的相關資料。我覺察到，此時胸口正洶湧澎湃的我，已經不是之前的孫菊君了。後來得知，這支近十三萬點閱觀看次數的翻轉教室工作坊影片，影響了台灣各地，甚至是海外華人圈的許多老師。雖然大家不一定能親臨輝誠老師的開放教室現場，但網路的無遠弗屆突破了時間及空間的限制，觸發了一個又一個起心動念開始教學改變的老師，開啟了一間又一間隨時可以公開觀課的開放教室。

正視「房間裡的大象」

自此之後，我努力爬文做功課。當時張輝誠老師尚未寫出《學思達》以及《學思達增能》，只能從他的演講影片與臉書貼文來領會箇中道理，或是從其他學思達教學先行者的部落格文章來吸收與轉化。當時還沒有學思達應用於視覺藝術教學的例子，況且，二〇一四年並不時興公開教室內的課堂風景，我們所能接觸到的往往是教案發表研討會，或是學習成果作品展。這些公開展示的學生優異作品，多是經過師長挑選，完整度與精緻度高出一般水準甚多，即使還有「學習單」可略窺學習歷程，大多也是出自學習成效較高的學生。整個藝術教學的成果展現，並不容易讓我們看到真實的課堂樣貌；也就是說，課堂上那無能為力的面向，往往是深藏起來，不提也不說，如同藝術老師心中「房間裡的大象」（elephant in the room），選擇性的視而不見。

我不禁自問：對「如何引發學習動機」的無力感，難道是教學生涯一開始就出現了嗎？回想起來，或許的確就是如此，但還是新手老師的我，卻很少有這樣的意識與覺察。猶記得剛開始投入教學時的兢兢業業，誠惶誠恐，總是不斷用力備課，製作各教學單元的教學簡報、學習單、作業單，催促與批改作品和打分數。備課時所考量的無非是該如何把教材說清楚講明白。然而課堂間，學生的學習成效總是不如預期，也只能安慰自己，不是所有學生都對藝術課有興趣，再加上不是段考科目，學生無心學習是很正常的。所以學生學不好，我從來不會覺得是自己的錯，而是因為學生沒興趣也不認真。

問題是，教學經過十年之後，那個當初總是惶惶上場的新手，對課程的自信度不可同日而語。頭三年從零開始努力備課，接著三年換個版本再備一輪，第三個三年，電腦資料夾充實豐富，教材分門別類一目瞭然，所需的簡報、學習單、教學範例、學長姊作品成果等一應俱全，檔案拉出來換年份改幾個字，便可以輸出送印。連講笑話學生的笑點、上課時學生在哪裡會卡住，都已經非常熟悉。可以愈教愈輕鬆，代表自己的成長吧！我沾沾自喜。但是，如果我真的愈教愈好，那麼，為什麼大部分學生還是興趣缺缺，敷衍了事？

腦門受到轟然重擊的當下，我冷汗直流，突然意識到：「天公伯啊——該不會，其實一直都是身為老師的我錯了？」過去從來沒有人給我這樣的警告，也一向自我感覺良好。尤其我一出道就被延攬到出版社撰寫教科書，從來不懷疑自己身為藝術老師的能力。現在，為了回應輝誠老師的犀利提問：「怎樣才能做到上課時『沒有一個學生睡覺，沒有一個學生不專注』？」我半是驚懼半是勇氣，察覺是時候必須要重新檢視自己的教學，打掉重練。

學思達歷程初體驗，滿是驚喜

二〇一四年九月新學期開始，我開始在美術課堂嘗試學思達教學法（當時，敝校課表尚未更名為「視覺藝術」）。印象深刻的是，那時候任教的班級都是八年級學生，已經用傳統教學帶他們一年了，而現在新學期開始，我決定要改變教法，內心相當忐忑不安。雖然已經在網路上自學學思達幾個星期，但網路上可供轉化的資源其實不多，坦白說一切都沒有把握。開學第一堂課，我沒有製作講義，只知道我得清楚跟學生說明一件事：為了他們的學習，我要改變。

課堂上，我只發下一張白紙給學生。簡單說明之後，開始播放張輝誠老師當時新出爐的十分鐘線上影片：「學思達教學法ｐｐｔ簡介影片」＊。影片只是簡單的ｐｐｔ簡報內容，配上旁白說明，影像中並沒有任何可以吸引國中生目光的亮點。但是，我只提出一個沒有經過精密設計的問題：「什麼叫做學思達？」接著便充分信任學生，讓他們在這十分鐘跟著影片自學，尋找並整理出自己的答案。學生的答案讓我驚訝：

「學思達打破填鴨式教育，讓學生不再只是當木頭人，老師在課堂停止唸經，隨時提問，刺激學生動腦思考，進一步上台表達，還能學習除了課本以外的東西，像是合作、討論等等。」

＊張輝誠「學思達教學法ｐｐｔ簡介影片」
https://reurl.cc/GdOMRp

「學思達讓學生不再只是呆坐著聽老師講課，學生有主動學習的機會。腦力激發，學得更多，還要能夠表達自己的意見。」

這些才八年級的國中學生，居然在看完一段一點都不有趣的影片後，寫出這樣的答案，完全超出預期。而這些文字也讓我省思，過去的自己是否也如學生所說的總是在唸經，迫使學生自動關機，進入放空狀態？

獲得初步信心之後，自此便毫無懸念的踏上學思達之路。學生在課堂上的表現總讓我驚嘆，於是，我開始把這些教學歷程寫進部落格的教學手記，把改變後的課堂風景記錄在臉書動態。同時，開始有機會和其他教學夥伴連結，在各種場合進行討論與交流。我的心因此漸漸敞開與安定，不再感到惶惶然的空虛與孤獨。

第一間美術公開觀課教室

二十年前，我便與張輝誠老師結識，但即使是多年老友，輝誠老師卻從來沒有向我推銷過學思達，又或許是我從未展現好奇。

我開始寫部落格文章記錄學思達教學歷程後，輝誠老師看到了。二〇一四年十二月某天，輝誠伉儷到中和，順道來訪，一見面我就對他說：「誒，學長，你的學思達真的很有用耶。」然後我們很亢奮的討論著課堂的點點滴滴，沒想到他馬上對我說：「菊子菊子，開放教室！台灣第一間美術公開觀課教室，你去開放。」我愣住了，支支吾吾咕噥著：「噢……我想想，我想想。」後來回想，知道這叫做張輝誠式的「推坑」法，他用極為天真的浪漫，讓你跟著跳進來。像是每天堅持寫「學思達翻轉大會報告」，在臉書上寫他今天公開授課狀況，有什麼樣的老師，多少人來觀課，或是看到哪位老師做了怎樣的講義，課堂出現怎樣感動的風景……

輝誠老師是作家，早期經營部落格，名為「犬馬的天空」。他在上面特別寫道：「今天與一個國中美術老師對談，她眉飛色舞的講起如何在美術課堂進行學思達，又如何想出一個相互競爭和比賽的機制讓學生投入其中，以前還要花半小時罵學生，現在完全不用，學生自學時老師還能悠哉喝咖啡！而且她還說『美術科的學思達翻轉』簡直就是『無痛接軌』！真是太啵兒棒了啦！這就是學思達的良性循環模式啦！」輝誠老師把整段對話歷程寫出來，並轉發到臉書動態的「學思達翻轉大會報告」，對我有莫大的鼓舞。於是我參考輝誠老師的「觀課須知」，修改成自己的版本，自從二〇一四年九月開始嘗試翻轉，二〇一五年三月我在臉書動態上公告一學期的觀課辦法，正式開放教室！（後來有了學思達教學網平台，便將鏈結整合在「全台學思達開放教室一覽表」。）

剛開始我當然還是會擔心，畢竟是隨時開放教室，並不是一學期只演示一、兩節的教學觀摩，只要沒有影響學校行事，都歡迎各界人士前來觀課，並不限定哪一節。當時心中確實有所顧忌，觀課老師特別花時間前來，自己和學生的表現是否能如預期？記得那時候，高雄縣仁武高中音樂教師石佩蓉告訴我：「就開放啊！課表掛在那邊，反正也不會有太多人來，不用想太多。」

果然剛開始確實沒人要來，慢慢才有零星一、兩位申請，而且申請者並非老師，而是修習教育學程的師培生，或許是因為要做報告，又或是教授要求得觀課，看到我有開放教室便來了。即便剛開始真的沒人要來，卻因為決定開放教室，我的課堂開始有很多積極的改變與進展。

最重要的改變是，因為公開觀課的自我要求，為了讓每種課堂樣貌都能進行學思達，我發展了術科課程的學思達教學模組。學思達教學法畢竟從學科轉化而來，包含：課堂機制、主持引導、分組討論、上台表達等，這對藝術老師最頭痛的知識性鑑賞課程來說，特別能有所發揮，也很容易看到與傳統單向講述式教學法的差別。但是，一個藝術單元往往延續四到六節課，而每一節的樣貌都會不一樣，當學生進入實作階段時，通常都是學生個別或小組進行作品製作或排練，譬如學生在繪圖，老師進行個別或是低介入指導。如果剛好是這個階段，有人要來觀課怎麼辦？難道看著老師整堂課無所事事嗎？這些都是我最初決定開放教室時，完全沒有預想到的。

剛開始，倘若在學期間遇到實作性質進度的週次，我會特別與觀課申請者討論，建議改至下個單元的第一堂課，可以看到較多的學思達教學操作。可是大概過了一、兩個學期，我就不需事先詢問，因為我已經可以把所有課堂樣貌都穩定下來。也就是說，即便是實作課，我都能讓觀課老師觀察到學思達教學法如何支持各種課堂樣貌的學習。

開放教室後，我珍惜每位來訪者留下的觀課紀錄，透過這些文字，我可以看到更多自己過去在課堂上沒有察覺的細節，每次與觀課老師對談，總是幫助我重新整理課程脈絡與教學思路；也在一次又一次述說課堂翻轉的心路歷程，以及傳遞教育理念之際，一再增強自己走上教學改變之路的信心。

路途上的風景並不總是旖旎，有曲曲折折，也會跌跌撞撞，但心中自始至終對藝術教育的熱情，與對教學改變的信念，終究匯集成一股勇往向前的力量。我也深信，這條路，不會只有一個人走。

◎共鳴閱讀觀點

張輝誠，《學思達：張輝誠的翻轉實踐》（親子天下，二〇一五年五月）
《學思達增能：張輝誠的創新教學心法》（親子天下，二〇一八年一月）

輝誠老師把學思達教學心法寫成這兩本書，除了自身的實踐之外，更包含多位其他學科老師的教學實錄，可惜並未涉及藝術領域。我以朝聖的心情閱讀，也嘗試印證自己的課堂操作。對於想了解學思達教學法的老師，這兩本書提供具體進入的門徑，而對已經開始進行學思達教學的老師，更會相當有感，進而不斷反思與調整。

買車時，車廠會附上一本厚厚的精美操作手冊。但如果不真正坐上駕駛座，把車開上路，不管翻幾遍手冊，還是不會開車，反而會覺得手冊寫的囉哩囉嗦。套一句很激勵人心的話：「不要等到變厲害才要開始，一旦開始就會變得厲害。」

我所體會的學思達教學法核心，在於學思達五步驟的運課操作：「學生自學」、「提問思考」、「小組討論」、「學生表達」與「老師統整」。這五步驟可以靈活變化，卻又環環相扣。

學思達的教學流程，不一定每次都得按照這五步驟運行，最重要的是「學生自學」，倘若學生自己就可根據老師所設計的自學素材，得到滿意的自主學習成效，其他其實都是多餘。只是現實教學現場不是如此美好，因此在編製講義之後，還需要運用提問策略、分組機制、引導討論、引導表達等形式，來幫助學生參與學習與檢核評量。這時候，老師就需要多方增能，以修練自己的「講義製作力」、「提問設計力」、「主持引導力」、「師生對話力」與「班級經營力」。懷抱「海納百川」的積極學習心態，吸收多方教學策略以為課堂運用，期盼提高學生的自學成效，培養成為終身學習者，以面對ＡＩ浪潮，成為具備二十一世紀核心素養的未來人才。

1-2 主動積極的自學風景

座位上的學生們沉浸在課本的字裡行間，努力找答案填入講義。有的快速翻閱課本，有的咬著筆桿思考，也有傾身靠向旁邊，想要從同學的答案尋找課本相應內容頁數……幾乎所有人都投入其中——這是我的視藝學思達課堂日常。

我在教室前緣看著這群國中七年級的學生埋頭努力，耳裡聽到的是翻動書頁與振筆疾書的沙沙聲，極為美妙。我不禁看到入神了，曾幾何時，我的課堂居然可以讓學生這麼主動積極的自學……他們看來似乎都不想下課！一堂學生都不想離開的藝術課，這豈不是教學生涯的大成就？

「噹噹噹噹——噹噹噹噹——」這時，熟悉的校園鐘聲響起，把我的思緒拉回現實，我驚覺：「下午一點二十分，這是上課鐘聲，現在還沒上課啊！怎麼他們都已經自動自發的投入課堂呢？」我連忙拿起手機，晃動中錄下這個時刻。

一點二十分，下午的第一節課，是國中老師普遍最不喜歡的教學時段。之前剛結束午餐時間，簡單進行打掃後，所有學生都撐著正在消化的肚子，被規定坐趴在小小的課桌上午睡。剛開始的前十分鐘，許多趴著的學生如同蠕蟲般，蠢蠢欲動，睜著眼睛東看看西看看，頭一下翻左一下翻右。接著，到午休結束鐘聲響起，已然沉睡的學生絲毫未覺，繼續把握十分鐘的下課時間；老師踏入教室，眼見滿室充滿睡意的學生，不禁無奈的敲敲桌子：「同學們，叫旁邊的人起來，還想睡的同學出去洗把臉，要上課囉！」嘴邊沾著口水、臉上印著紅紅的壓痕，不少人還迷迷糊糊；更慘的是喚不醒的學生，當老師走到身旁出手推推肩膀，有起床氣的學生滿臉凶狠，大手一撥：「衝啥！」這就是教學現場，老師們常常得面對的下午第一節窘況。

一點二十分，下午第一節課鐘聲響起，藝術教室裡學生們所呈現的學習樣貌，讓我感動莫名。當初起心動念開始改變，卻為我的教學生涯帶來最大的滿足。

我的藝術教室位在學校最底端。猶記當時因為校園建物防震擴柱工程，學生們的班級教室遷往更前端的教學樓，同時也沒有連接穿廊可以過來。他們從接近校門口第一棟的忠孝樓五樓移動過來，必須自仁愛樓下到一樓平面，經過游泳池，沿著跑道穿越操場及籃球場，才能抵達藝術教室所在的信義樓三樓，但多數學生可以在上課鐘響前抵達，並開始進入自學狀態。我不禁想像，當午休鐘響，在原班教室內的學生紛紛甦醒，並喚起身旁的同學，開始往藝術教室狂奔過來的景象。事實上，我確實在校園處處是工地的那一年，捕捉到學生們在跑道上朝我奔來的畫面，每當有機會與人分享藝術學思達課堂的感動時，就成為最具說服力的視覺證據。

這代表什麼？學生們在乎！在乎一週只有一堂的視覺藝術課，在乎課堂上的學習與所能得到的成就感。而學生們的在乎，讓我更珍惜這一堂藝術課的存在，更認真用心準備課程，以回報學生們的努力。

當我連夜編製學思達講義與授課簡報檔，熱切的在教學筆記上悉心沙盤推演著課堂引導流程時，驀然回首，我看見七、八年前那個對教學失去熱情與動力的自己，不思進取卻怨天尤人的自己，無心備課卻總對學生心不在焉而感到憤怒的自己。我好想回到那時，擁抱這個無奈又無助的年輕老師，跟她說：

「菊君，這不是你的錯。我知道那麼認真的你，多麼渴望成為好老師，成為學生的貴人，就像過去求學時那些成為你貴人的老師們。菊君，這不是你的錯，但努力的你，會因為你對教學初衷的念念不忘，成為更好的老師。」

◎共鳴閱讀觀點

郭進成、馬琇芬，《學思達與師生對話》（天下文化，二〇二〇年二月）

在學思達教學這條路上，如果說輝誠老師是我的啟蒙者，真正讓我裝備好自己而勇敢上路的人，則是郭進成老師。二〇一四年八月，起心動念開始轉變課堂，但輝誠老師的學思達講義，對任教國中藝術課的我來說，現實狀況的差距實在有點大，所以最初根本不知道該怎麼做，直到爬文到進成老師的部落格，學到大聯盟分組選秀法、海螺計分法與撲克牌加分法，成為我進入學思達的三寶，讓我獲得可以轉化課堂的鑰匙，從此無懸念的走下去。當初如果沒有進成老師無私分享，就沒有現在我在藝術學思達的實踐。

二〇一六年寒假，學思達講師共識營邀請李崇建老師開辦三天薩提爾工作坊，非常幸運與進成和琇芬夫婦一組，言談之間，進成老師提及在學校的孤獨感，讓同樣在校園獨行的我頗有共鳴。薩提爾的學習，對總是認真卻永遠苛責自己，以致心生怨懟不滿的老師來說，有多麼重要！因為安頓自己、接納自己，終於得以獲得覺察自己的能量。

就如同進成老師在書上所言：「我不再責怪學生、家長或周遭其他人，我只想好好改變自己。沒想到我居然花了這麼長的時間，才看見自己和欣賞自己。原來，看見自己、欣賞自己，是這麼困難的一件事啊！」讀到這裡，不禁潸然淚下，我也是花了那麼長的時間，才看見自己、欣賞自己！

第二章

觀念篇：藝術課堂的美麗與哀愁

藝術對於創造力的啟發已是普世價值，因為藝術是人類經驗的獨特表達力，所知、所感、所思、所悟，都可以經由音樂、舞蹈、戲劇、視覺藝術……將情感與思緒形象化。藉由藝術形式的探索與多元，可以幫助所有學科在個性化、差異化方面的支持。

2-1 藝術不是「副科」

老師，能借你的課嗎？

很多學科老師總是羨慕藝術老師，教學很自由、課程很好玩、不用趕進度、不用整節講課，可以悠悠哉哉的看著學生畫畫、唱歌、排戲排舞……因為沒有升學壓力，也少有師生衝突，非考科的教學如此輕鬆愜意，家長不會對教學內容有意見，沒有制式的進度壓力，更不會因為需要定期紙筆測驗，而殘酷凸顯老師個人教學績效問題。

倘若有人詢問任何一位藝術老師，教學果真如此美好，課堂淨是綺麗風光，一派歡樂昇平的景象嗎？藝術老師一定會苦著臉說道：「看倌您有所不知……」身為藝術老師的美麗與哀愁，讓我從一名代課老師的提問開始。

一年又一年，新學期的開始，藝文科辦公室總有新的代課或兼課老師來報到。代課老師一邊整理辦公桌，一邊詢問學校的行事慣例和各種注意事項：是否有藝術專科教室？專科教室是專用或是輪用？教室是否有投影或音響設備？一學期需要收取多少材料費？補充的直笛教本要選哪一種？是否有例行性比賽需要額外指導？……這些都是身為校園新鮮人需要努力獲取的職場資訊，然後努力在接下來的時間，盡快跟上這裡的校園文化，在這裡（短暫）安頓下來。

我總是樂於回答新進老師的各種疑問，提供所需協助，因為當初也曾是新手的那種緊繃與慌張，依然記憶猶新。然而，最不樂於聽到的問題是：「在這所學校，會有導師要來借課嗎？」

每次我聽到這個問題，心總會停跳一拍，考量應該怎麼回答。而辦公室內的同事開始互使眼神，推託著由誰來回覆這個尷尬的問題，而那人往往是我：「要是我的話，當然不借！這是一開始就需要講清楚的原則喲！」

「對！是有幾個導師，特別愛來借課。你要注意，不要讓他們習慣了，每次都以為能夠來借藝能科趕進度，太不尊重我們了。像我，有一次就遇到臨上課前，小老師居然抱了一疊考卷進音樂教室，直接說他們老師要借課考試，意思是我還得幫忙監考、對答案！」同事接下我的話，義憤填膺的說。

在我求學階段，便有利用藝能科課堂一次寫三張考卷的經驗。自己所期待一週才一節的美術課，好端端的突然宣布停課，那種感覺真是不開心（也許這時候，有許多讀者會跳出來說，美術課？音樂課？小時候壓根兒沒上過幾堂呀）！

記得剛進校園職場時，段考前一週停下進度，讓學生在藝術課溫書自習的狀況相當普遍。即使幾年前，有些學校的行政處室還會發公告貼在辦公室，溫馨提醒非考科教師，在教育會考的前幾週，調整教學進度，讓考生把握時間專心準備考試，這種狀況常常是校園慣例。一〇八課綱實施前後，科科等值、教學正常化的觀念已愈來愈普遍，向藝能科借課狀況已有大幅改善，但即便如此，整體教學環境對藝能科的重視程度，依然遠遠不及學科。

「無用」的「副科」？

肯．羅賓森爵士（Sir Ken Robinson）在《讓創意自由》一書中，便曾分析教育界普遍「重學術，輕藝術」的現象。制式教育所著重提升的向來是偏重智力發展的「讀、寫、算」能力，語文、數學、自然科學等學科優先，接著是史地社會學科，最後幾乎不納入考慮的是藝術、音樂、戲劇之類，屬於「無用」的類別。羅賓森用了好強烈的字眼：藝術長期被忽視，定位為「無用」科目。

到底，「有用」與「無用」，究竟是如何區別出來？背後依據的價值觀是什麼？人們總認為一個人的「智力程度」等同「學術程度」，學術工作主要致力於文字與數字的推論，例如文意的閱讀理解，或是理科的邏輯分析，因此教育政策最重視，因而吸引政府部門投入大部分經費資源的，大多傾向學科能力的提升。

對學術取向的重視，之所以主導制式公眾教育，主要是因為從大學以下的考招制度均偏重於此。大學自然是以學術能力來篩選錄取具有學術研究基礎水準的中學生，反映在所有升學導向的教育現場，在時間有限的權衡考量下，當然只能重視被列為考試鑑別項目的考科。非考科相對被犧牲的狀況，即使現在教育政策總強調多元入學、適性選才，但是考招制度下的考試科目，依舊綁縛著大多數學校現場的教學取向。

現在，我們當然知道，只有學科能力絕對不足以應對遽變未知的未來世界。二〇〇六年羅賓森爵士在 TED Talks 發表十八分鐘短講：「學校扼殺了創意嗎？」（Do school kill creativity ?）＊，至今仍是TED 史上點閱率最高的影片。他大聲疾呼學科導向的制式教育如何扼殺學子的創意，如何造成學用之間的巨幅落差，以及人們與生俱來那些在學術能力之外的創意潛能，是怎麼被低估，甚至是摧毀，而這些狀況在此時並沒有太多改變。學生在校園的學習，仍把大部分時間耗用在填塞學科知識，鎮日俯首於無止境的寫考卷的慘白生活。在被大考、小考切分的學習節奏裡，藝能科注定只能成為「可有可無」的點綴？或是羅賓森指出的社會迷思：可以上台表演的娛樂休閒選修項目？

因為大多數人成長時期對藝術課的狹隘與刻板印象，整體社會、政策、家長、校園環境，對藝術課抱持這種可有可無的態度，在大家的眼裡淪為所謂的「副科」，功能為對學生繁重課業壓力下的調劑與抒發，這點居然連許多藝術老師自己也抱持類似的觀點，反映在學生身上，學生們對這門課的投入與重視程度，顯然比起其他需要考試檢核的「主科」，表現更為輕忽不以為意，學習動機普遍不彰，應付了事心態實為常見。而藝術老師自己對這門課的價值感低落，缺乏自信心與使命感，進行課程準備不免怠惰草率。當師生對處於同一間課室的彼此狀態，都顯得興趣缺缺、意興闌珊時，這門藝術課堂還真成為可有可無的「副科」，甚至演變為損耗精神的「負科」。

◎共鳴閱讀觀點

肯・羅賓森，《讓天賦自由》（天下文化，二〇〇九年）**《讓創意自由》**（天下文化，二〇一一年）、**《讓天賦發光》**（天下文化，二〇一五年）

TED Talks點閱率最高的影片，你知道是哪一則？屬於哪一類主題？也許答案會讓人很驚訝，是教育類！就是前述二〇〇六年肯・羅賓森爵士的「學校扼殺了創意嗎？」。這部影片同時也是TED Talks公認最幽默的一則，短短十八分鐘裡，羅賓森讓觀眾笑了四十一次！羅賓森以絕佳幽默感和個人魅力，讓強烈批判教育制度的生硬主題，成為史上最受歡迎的演講，是

＊肯・羅賓森爵士 TED 演講影片「學校扼殺了創意嗎？」
https://reurl.cc/OXOE1A

「創意」的絕佳實踐。

羅賓森出生於英國利物浦的藍領家庭，手足眾多，家境貧寒。小羅賓森在幼時曾被看好能成為足球選手，直到罹患小兒麻痺，進入特殊學校。但是他的天賦終將會發光。

訪視督學注意到羅賓森，認為以他的才智應獲得更好的生涯輔導。最後他獲得獎學金，進入利物浦學院，生命從此轉往全新方向，日後成為教育家，被譽為世界的教育部長。羅賓森在書中訪談多位各行各業的專業人士，他們和羅賓森一樣，成長歷程中有良師看見他們的天賦，環境支持他們的努力。

羅賓森主張，每個孩子都有天賦潛能，充滿自信與創意，然而教育制度卻扼殺了這些能力。當羅賓森成為世界的教育部長後，遊走全球與各行業各層級人士對話，意識到人類對「天賦潛能」缺乏重視，而教育理應促進創造力之發揮，卻因為固化陳舊的教育政策與體制，使這一代學生陷入無法面對未來之危機，這已經是全球普遍的問題。

羅賓森呼籲，教育應發展學生的天賦與熱情、想像與創意。這與李開復先生在長期ＡＩ產業的參與之下給予的建議不謀而合。

《讓創意自由》提到教育轉型需要注意兩個原則：

一、**多元才能**：增設更廣泛的學校課程，以及靈活的教學型態，提供學生更多機會，協助深入發展天賦領域。

二、**個人化學習**：以新科技促進個人化學習。

在這兩項原則下，教學現場更適合採取探究式學習，讓學生獨自或與團隊合作，探索個人興趣及表達想法。老師的角色是正向引導學生參與學習。老師應該「為（for）創意而教學」，而不只是「透過（through）創意去教學」。

羅賓森是藝術教育專家，對創造力研究不遺餘力。藝術對於創造力的啟發已是普世價值，但是，其實所有學科都可以運用藝術手法來啟動創造力。藝術是人類經驗的獨特表達力，所知、所感、所思、所悟，都可以經由音樂、舞蹈、戲劇、視覺藝術……將情感與思緒形象化。藉由藝術形式的多元與探索，可以幫助所有學科的個性化、差異化學習。

這也是閱讀羅賓森三本鏗鏘之作時，特別產生共鳴與力道的——藝術課堂的價值。羅賓森爵士於二〇二〇年八月二十一日辭世，我聽聞相當難過。他的著作總常駐我案頭，這些書讓我明白自己應該努力的方向。

2-2 沒有天分也能學藝術

藝術課堂的兩種學生

藝術課堂往往有兩種學生——

一種嫻熟藝術，他們的造型手繪能力好、樂器演奏能力佳、歌唱技巧優異、肢體律動和諧優美……但是同時有另一種學生，一出手、一開口、一起身，便粗拙僵硬，一般將之歸類為「沒有藝術天分」的學生。在藝術課堂上，天生能力的優劣設定，是否決定了藝術學習上的表現？

嫻熟藝術的學生，課堂表現主動積極，繳交作品與成果表現完整度高，容易達成老師所期待的教學目標，成為課堂上老師鍾愛的「天使型」愛徒。他們常常受稱讚，成果能公開展示，張貼在教室布告欄或校園特定的優秀作品區。校慶日、校務評鑑日、反毒宣導週、友善校園宣導月……成為學校展現教學成果的樣板。又或是因為音感佳、反應機敏、肢體動作優美、表演欲望旺盛，受老師賞識，獲選為直笛隊、合唱團、廣播小天使、學校劇團……等校隊成員。

因此，藝術能力優秀的學生不只是被看見，更多了額外接受專業指導的機會，代表校方參加各項校際競賽，有更多機會獲得獎項，相關藝術才能備受重視，同時，也是代表老師教學高效能的證明。

另一方面，在藝術課堂中總是狀況外的學生，長久以來所承受的挫折，造成對藝術課程興趣缺缺，不斷提示自己缺乏藝術天分，就算努力也無法獲得老師的讚美與肯定，習得無助感表現在課堂上的具體行為，便是對任何學習活動的參與意願低落，對老師講授的內容無感。有的人眼神渙散、腦袋放空，甚至乾脆趴著補眠，有的人總習慣夾帶學科作業到藝術教室，上課時間剛好拿來罰抄寫、背注釋、背單字、算數學，罔若無人。

任何一位老師在自己的課堂上看到這種情況，很難不動怒，師生關係不時處於緊繃狀態。而如果屢勸不聽，老師也無可奈何，便可能如此說服自己，與其生氣，不如安然接受：「就是有學生不愛上藝術課吧！自己學生時代也曾痛恨怎麼樣都聽不懂的ＸＸ

課（數學、理化、英文……），不是嗎？」

師生除了在課堂上同時遭遇挫折之外，作業成果更是彼此心中的痛。美術老師發派的作業，永遠收不齊全，導致大多數老師不願指定課後作業，所有進行中的作品製作，一律全部留存教室，以免一旦離開教室現場後有去無回、屍骨無存，下堂課還得一切重來，耗費時間又浪費材料。下課鐘響後，學生就將課程遠遠拋在腦後，一週之後，學習效益幾乎降到零，一切必須重來，可以想見校園的藝術課程為何總被認為淺碟化，難以深刻累積。

再看看學生對作業的態度，更是心不在焉。尚且在意藝術課分數的學生，不是勉強應付，便是找槍手代辦。不在意的學生，自然是隨便草率，甚至兩手一攤，撇上兩筆便草草繳交。音樂、表演課的上台發表，永遠會有學生杵在一旁，不開口、不演練，而老師一點辦法都沒有。

「喔喔，我沒有要學到什麼東西，但是這堂課，拜託讓我放空，不要煩我！」

這種學習動機低落甚至喜歡搗蛋的學生，是教室裡的「小惡魔」，也是老師喪失教學熱忱的主因。但是，我們要問的是，他們在藝術課堂表現不佳，真的是因為沒有藝術「天分」嗎？

養成教育的僵化

成為藝術老師的我，自然是在求學過程受到許多老師的賞識與肯定。我從小喜歡塗塗抹抹，現在還清晰記得幼時和妹妹趴在地上畫螞蟻窩的景象。在一條代表地面的水平線之下，有彎彎曲曲的通道，通道連接著許多洞穴空間，姊妹倆幻想著這個空間是儲藏食物的、這裡是睡覺的、這裡是蟻后住的，然後那裡是餵螞蟻寶寶的……兩個小女孩在畫紙上馳騁著無邊無際的想像力，好開心。

母親看我們姊妹那麼喜歡畫畫，便四處打聽，找著了一位在附近開課的畫畫老師，送我們去學習。記得那是在集合式住宅公寓樓上，老師家的客廳，打著一張大桌子，每週六上午的畫畫課，小女孩們畫著各種印象中的生活場景：月台坐火車、虎頭山公園、去杉林溪玩……不同節日畫不同主題，母親節畫親愛的媽媽，中秋節畫頂樓賞月戴柚帽吃月餅……母親看我如此興味盎然，又得知桃園市東門國小有美術資優班，便積極打聽桃園大街上一家規模很大的才藝班，在考前把就讀小二的我送過去訓練。我對這段考前的才藝班學習毫無印象，連當時心情是緊張還是高興，都完全不記得，只知道後來因為不諳考試形式而落榜，連性向測驗都沒通過。

我的繪畫學習，因為國小美術班的落榜而暫時中止，轉而參加珠算班、作文班和英語會話班……。我依然是那個愛畫畫的孩子，但只限於每週一堂的美勞課時段，其他時間都被各種課後輔導、其他才藝補習所填滿。即使如此，國小六年級，美勞老師看見我的潛力，建議我報考國中美術班。美勞老師還特別撥出時間，在課餘幫應考學生加強素描、水彩等考科。當時，桃園僅有桃園國中是唯一的美術資優班，我還記得，考場安排在偌大的禮堂，一組組的靜物台與畫架整齊排開，起碼集合了上千名考生，場面極為壯觀，競爭激烈可見一斑。而僅是臨時抱佛腳的我，當然又落榜。

連續兩次嘗試征戰美術班落榜的我，心底確定自己的美術天分未到「資優」程度，也就放棄往美術這條路前進的想望，專心於學業，直到再一次被高中美術老師在課堂上發掘與支持。曾兩度被拒絕於美術班窄門外的我，這次在自己的堅持之下，最後考上師大美術系，走上以藝術教學為志業的路。

回想自己一直那麼愛畫畫，也不斷被各階段的老師肯定，對應著肯・羅賓森對「天命」的定義：「天命是天生資質與個人熱情結合之處。」天命的兩大成分，是「天資」與「熱情」，兩個先決條件是「態度」與「機會」。羅賓森提出，要確認自己的天命歸屬，順序大約如下：「我有、我愛、我要、在哪？」

我也盤點了自己在藝術天命上的資源：

我有——
我擁有遺傳自母親的美感資質，靠著直覺便可以感受、理解並選擇視覺上和諧美好的事物。

我愛——
在畫畫時，我很容易進入「心流」狀態，得到單純且深刻的喜悅，心滿意足。

我要——
面對充滿壓力的術科考試及競賽，我沒有逃避，願意承受壓力去準備與投入，也願意在失敗挫折時，重新點起激情的火花，主動積極把握下一次的機會。

在哪？——
因為受到母親與各學習階段的美術老師賞識，幸運的試探自己的天資所在，也獲得比別人更多的機會與支持。

即使是如此幸運的我，一旦面對重要的測驗，鑑別一個學生是否具有資質，值得國家投資栽培成為專業藝術人才的美術班考招制度，依然連續跌倒兩次。而鑑定測驗的形式，是將藝術考試壓縮在一或兩天，用高密度的時間、制式的考試規則與內容，來鑑別學生在藝術上的天賦表現，其所鑑別的，往往是學生對考試形式的精熟度，並非真正的藝術才能天賦。

考招制度的僵化形式，讓整體藝術教育自小學之後，幾乎全面趨往以技術精熟為導向的教學方式。而藝術老師的成長經驗、學習歷程、固著觀點、社會期待、考試制度、師培過程、競賽標準、職場文化等等，都讓老師唯一掌握的評判之尺，既短又苛。

美術等於藝術嗎？

「誒，你是『視覺藝術』老師喔？就是『美術』老師嗎？」總會有人這麼疑惑提問。如果沒有時間解釋，我常常就回應：「可以這樣說，差不多。」但是如果有時間，我會幫忙更新一下發問者對藝術科目的認知：「二〇〇四年全面實行的九年一貫課程綱要，早就把國中小的『美術』科改為『視覺藝術』科，『音樂』科名稱不變，還多增加了『表演藝術』科，三科合併稱為『藝術與人文領域』。二〇一九年上路的一〇八課綱，維持國中小三項藝術科目的名稱，但把『藝術與人文領域』改為『藝術領域』。有趣的是，併進十二年國教的高中端，仍然維持舊有的『美術』科，並沒有跟國中小一樣調整為『視覺藝術』科，所以，如果不同學層的藝術老師共聚一堂，國中、國小端叫作『視藝』老師，高中端叫作『美術』老師。」

如此複雜的設計，其實是很奇妙的狀況。我認為這跟「藝術」、「美術」、「美勞」、「視覺藝術」，這些名詞在台灣的藝術教育從業領域普遍被混淆有關。

「美術」一詞普遍認為是來自日本學者對「fine art」的漢字翻譯，我們沿用至今。「fine art」是指「精美的藝術」，而查詢教育部重編國語辭典的「美術」釋義：「①以創造美為主的藝術。包括建築、雕刻、繪畫、詩歌及音樂等。②專指繪畫、雕刻。」

「美術」顧名思義是表現「美」的「技術」，既然是美的技術，就必須符合美的視覺感知，對於媒材要能操作精熟，對於造型要能精確寫實，呈現出來的作品畫面，視覺上要達到賞心悅目的要求。

媒材技術要精熟，勢必需要足夠的學習時間，反覆刻意練習，雖然不用達到一萬小時，至少也得付出大量的實踐操作時間。但是在學校制式體系中的藝術課，其課程目標與環境設定，顯然並非期許學生達到美的技術之精熟。試想，一週僅有一節四十到五十分鐘（國小四十分鐘、國中四十五分鐘、高中五十分鐘）的課堂時數，其實是偏向媒材體驗性質，難以讓學生有完整鍛鍊的機會，同時也凸顯台灣藝術教育普遍不受重視之下，老師在時間上捉襟見肘的窘態。

這時候，我們再請藝術老師拿出心中的那把尺，便會發現當藝術老師習於以自身觀點，用美術專業標準來要求學生達到美的技術之精熟，這樣的期待有多麼不切實際（相信音樂科與表演藝術科亦然）。難怪學生在課堂上能夠得到的成功經驗如此不足，總是遭受挫折打擊而信心缺乏，手拙心慌之下，自然覺得自己藝術天分不足，不擅長更不適合從事藝術相關工作。

難道，這把評判之尺的度量標準，只是美的技術嗎？

讓我們再來看看教育部國語辭典對「藝術」的定義：「對自然物及科學，凡人所製作之一切具有審美價值的事物。如詩詞歌賦、戲曲、樂譜、繪畫、雕刻、建築等，統稱為『藝術』。」

藝術的定義就廣泛多了，任何人類所創作的事物，倘若達到極致的美感高度，都可稱之為「藝術」。當廚師將食物的烹調表現到極高的境界，我們稱之為「料理的藝術」；擅於口語表達、辯才無礙的超級業務員，我們稱他擅長「說話的藝術」；而能將生活日常過得優雅有品味的人，我們稱他為「生活藝術家」。

藝術正是透過審美活動，藉由感受與表達的過程，產生積極的意義與價值。表達情緒也表達想法，將內在情感形象化，並賦予意義。視覺藝術以視覺作品的形式來表達，音樂以聽覺作品的形式來表達，表演以肢體作品的形式來表達。這種以獨特的藝術方式進行描述與詮釋，來表達情感與體驗，是否一定得與媒材技法的精熟程度產生正相關？

當然，技術愈精熟，表達愈無礙。許多藝術家的作品充滿創新、獨具風格，往往是因為大量刻意練習媒材技巧。但是，我們必須知道，並不是每一個學生都適合同一類藝術形式的操練方式。每個學生的天賦特質不同，表達形式也會大不相同。在藝術領域的多元面相裡，總有適合不同學生擅長發揮的方式，多方探索才是學習階段之首要。

然而每一次課程的進行，自然無法滿足每個學生的需求，有時，我們甚至根本不知道適合他們的是什麼。「因材施教」的差異化和個別化教學設計一直是老師們努力的方向，這個理想在學科課堂往往不易實現，但在藝術課堂卻有更多可能性，得以支持不同天賦特質的學生獨特的表達方式。

要做到這點，藝術老師們就得放下技術導向的評判標準，給予多元表達方式的可能性，把標準放寬，更重要的是，真心賞識學生獨特的天賦特質，真誠看見並正向回饋學生的努力。學生所體會的任何微小成功經驗，都有機會加強自信，更勇於藉由藝術形式表達自我。

藝術課堂有其積極的價值，我們應該好好探索，藝術如何幫助思考，藝術如何幫助分析，藝術如何幫助培養面對未來世界的關鍵素養與能力。

2-3 用藝術發展關鍵能力

回溯心靈最深處

每位藝術老師的評判之尺，都傳承自他（她）的藝術老師。在這把尺的框架內，我們可以很熟悉、很自在、很安全、很舒適。這把尺極其精準嚴格，想當初得多麼用力費勁，才能夠通過師傅重重的試煉，最後熬出頭來，並成為他人的師傅。因此，許多老師緊緊抓著這把尺，拿它來試煉自己的徒弟們。

我曾經是緊握著標準尺不放的人，過程很痛苦，能通過這把短短尺幅範圍的徒弟並不多，誰不想「得天下英才而教之」？成為老師的前十年，我的教學生涯並不快樂。

這樣不快樂的情緒，連結到也曾不快樂的大學求學生涯。這段歷程，我曾在接受

《學校最該教什麼？直擊12種非典型教育現場》一書作者劉政暉先生訪談時，有感而發，是一段從心裡深處被挖掘出來的「黑歷史」。

國小與國中兩次征戰美術資優班失利的挫折，使我放棄美術學習之路，轉而努力讀書衝刺學科，高中進入桃園第一志願就讀。高二時，美術課呂理金老師讚賞我具有報考大學美術系的資質，我向家人爭取再次學畫的機會，但這次父母斷然拒絕，他們認為我應該專注學科，不該因為學畫而分心，擔心學畫會讓學業退步。一學期後，發覺自己想要畫畫的動機依然強烈，再次提出去畫室學習的意願，並附帶維持學業成績的保證。這一次，父母點頭同意，於是開始了平日衝刺學科、假日衝刺術科的忙碌生活。因為是自己的選擇，雖然艱辛緊張但也很充實快樂。

畫室老師的教學相當有效率，完全為升學考試而設計，針對考試形式不斷模擬，分別在技法、速度，以及心理素質上不斷加強鍛鍊。經過一年半高效能高密度的訓練，加上本來就不錯的學業成績，我如願進入師大美術系，甚至在學科加權計算下，總分居然是當年度美術科系的全國榜首。這對我是肯定，卻也是綁縛。「榜首」成為實質處境與心理情境上的「綁手綁腳」。

師大美術系的同學高手如雲，不乏從小唸美術資優班一路經過嚴謹訓練的強者。反觀自己，只經過一年半週末假日的畫室學藝，而且是類填鴨式的技巧操練，進入大學之後，即使用盡全力也僅能勉力跟上，表現中等而已。當時大學教授各個皆大師等級，以傳道授業解惑為主，鮮少體察學生的學習狀況，與學生的關係不僅疏離遙遠，更令人得時時戒慎恐懼。一位教授在改我的作業時，隨口一句「啊！你不是榜首嗎？怎麼……」，著實挫傷了心緒甚極。

印象深刻的是，我們一群人去一位同學家玩，參觀了他的臥房兼畫室，牆邊一排訂製衣櫃打開，吊掛的不只是衣服，更多的是一落又一落的作品。想到自己每完成一張作業得花費多大的力氣，而同學這一大落一大落的作品，張張精采非凡，我用十年也達不到！當場不禁問他：「你……天天畫畫嗎？」他輕鬆回道：「對啊！跟吃飯、洗澡一樣，每天都要做的。」

這位把繪畫創作當呼吸一樣稀鬆平常的同窗，後來果然成為學養豐厚的藝術教授，他從小到大的日常全然浸潤在藝術當中，筆下功夫自然不是我這種急就章三腳貓功夫可以企及的。

即使那時我有心，但缺乏長期浸潤環境的陶冶與養成，短時間內很難達到只看成果的教授們之要求，對於從小愛畫畫的我來說，挫折與打擊造成好一陣子的意志消沉。倘若當時有一位老師可以看見我的困窘，告訴我：「藝術的世界很寬廣，並不僅限於媒材技法。一時畫不好沒關係，你有你的資源，可以多方探索嘗試，一定可以找到足以發揮的舞台。」而不是僅僅因為握著那把評判之尺，丟給我一句：「你榜首耶……」又會如何影響我的人生！

鬆開評判的標準

成為老師後，當初傷害我的尺，卻被我隨身帶著，拿來評判學生的表現。通過標準量測的作業成績是A，差一點的是B，再差的是C，完全不行也不來上課的自然是D以下。可以獲得A以上是極少數愛徒型的學生，大部分卻是差很多甚至完全不行的學生，畢竟百年難得一見的練武奇才可遇而不可求，我總是在怨天尤人。

因為不想讓我的學生也像那個在大學時代被教授放棄的我，我開始不斷多方自學增能，改變教學的技術，慢慢鬆開手中緊握的那把尺，在藝術課堂上，看見更多學生的潛能，也給他們更多的正向讚賞。

但是，一旦放開從師傅手中傳承而來、以媒材技巧為評測標準的尺，要拿什麼基準來評量？會不會變得亂無章法？

藝術，不論什麼都可以嗎？如果學生繳來一張白紙，說是畫的牛剛才走掉；或繳來一頁黑紙，說是畫一頭黑牛在暗夜裡睡覺，這樣亂七八糟的說法，也都可以嗎？我因為各種疑惑而不安。

雖然我所接受的美術師資培育訓練，是所謂「DBAE」（Discipline - based art education）——「學科取向的藝術教育」，除了重視「藝術創作」之外，還有「美學」、「藝術批評」和「藝術史」，所以，其實我獲得的不只是一把尺，而是一套四把的尺規，只是常用的還是創作技法那一把。因為太常用，最後愈用愈鈍、愈用愈無感，其他關於「美學」、「藝術批評」和「藝術史」這三把，當初在師門求道時便少有機會磨練，著實學藝不精，即使出師之後，實在少用也就鏽了。

到底，藝術課若不再只是以畫得好不好、做得巧不巧，來做為課堂衡量基礎，又該如何進行？

或者，換個角度來說，要怎麼用藝術課堂的教學形式，來支持不同天賦、資質的學生，讓他們也能愉悅的投入課堂活動，找到發揮個人價值的舞台？

發現觀看藝術的方式

大學時期，我雖然畫藝不精，卻是同學眼中的「真人藝術史筆記產生器」。

從小浸潤在「吳姊姊講歷史故事」系列套書，看遍金庸小說、日本戰國小說，對歷史故事總是充滿好奇與興致。歷史科是我最駕輕就熟的科目，常常不用花太多力氣就能得到高分。除了從小就養成熱中閱讀的習慣之外，國中歷史老師傳授的筆記整理功夫，也讓我的邏輯思考脈絡比別人更清晰，這對我的學業當然有著無比益處，即使不算特別聰慧機敏，但我用筆記整理過的知識，往往可以理得更順、記得更牢。高三時，曾經大膽去報考師大歷史系的保送甄試（全國僅能錄取一名），雖然落榜失意，但呂理金老師知道後，特別告訴我，其實藝術涵蓋範疇很大，除了藝術創作之外，還有「藝術史」這樣的專業學門。呂老師開拓了我的視野，讓一個高中生在心裡有了一些想像：「哇！真好，藝術加上我喜愛的歷史，研究各種不同時代的藝術故事，一定很有趣。」

上大學後，系上有中國藝術史與西洋藝術史的必修課，我滿心期待，無奈在第一次上課就幻滅。老教授在漆黑的教室打出一盤又一盤的幻燈片，生硬的單向講述介紹中外各朝各代的藝術作品：建築、畫作、雕塑、器物……讓人昏昏欲睡、無聊至極，是美術系學生共同的痛苦回憶。於是大家輪流打瞌睡、摸魚、翹課，但是期中、期末考總得通過辨識那一張張幻燈片的試煉地獄啊！我的藝術史上課筆記圖文並茂，靠著迅速畫下圖像、記下特點的意志力，抵抗著教授毫無起伏變化的語調所帶來的睡意，成為同學間傳閱複印的筆記寶典。

大學的美術學藝過程挫折且自卑，無法在藝術創作取得成就感，甚至懷疑起當初為什麼要捨棄台大，跑來追逐藝術夢？我對上課愈來愈厭煩，對畫畫愈來愈不上心，重心轉移到社團活動與人際交遊，對學業與創作都應付敷衍。一直以來總是孜孜矻矻的我，討厭這樣不踏實的自己，直到大四時遇到當時系所新聘任的中國藝術史教授王正華。王老師甫從耶魯大學返國，治學嚴謹，她讓我看見對專業素養的態度與要求。更重要的是，她帶給當時修課的美術系學生完全不一樣的「觀看藝術的方式」。

觀看藝術作品，不只是了解作者背景、時代風格、技法形式與藝術成就，更有趣的是，是否可以帶著好奇的眼光，觀察、發現、探究與詮釋。對於一張古畫，勇於懷疑的提問：「這真的如資料卡所寫的，是畫家的真跡嗎？是怎麼論證的？從作者的款題簽名？從他人題跋？從印章、收藏著錄等外部資料？還是跟畫家個人標準風格的比對？或是跟同時期畫作時代風格的比對？畫作的題材內容有什麼特殊之處？媒材技法有什麼特出之處？畫家創作時是否有特別的用途與用意？當時展示在哪裡？是怎麼被裝裱呈現？是怎麼被觀看、使用？預設的觀眾是誰？宣示了什麼？如何流傳下來？當時或後來的人如何評價？」

每一張作品，都凝結了一位藝術家、一群利害關係人、一個區域、一個社會、一個時代的各種文化現象，好像偵探小說一般，可以抽絲剝繭加以推敲與詮釋，還原當時的情境脈絡。

王老師帶領我們闖蕩藝術世界，穿越時空、出入畫境，著實迷人。藝術史的課程，讓我從過去的昏昏欲睡轉為當下的激動亢奮，每次都因為思考過度而筋疲力竭，卻又樂此不疲。這樣的課堂經驗讓我決心踏入藝術史領域，研究所拜入王老師門下。雖然最後辜負了老師希望我繼續往學術領域深造的期待，但是跟隨老師數年鍛鍊「觀看」的眼力，發現有趣的視角，提出大膽的假設，再以嚴謹的學術研究方法小心求證，形成可被檢驗的論述。這樣從事藝術工作的過程，給我極大的衝擊與啟示。

藝術的世界，從來不是只有藝術家與藝術作品，還可以加入更多面向，體察、推敲、思考。而這些美好的發現歷程，後來成為藝術老師的我，居然全忘記了，忘記把自己那些年在「觀看藝術」所獲得的感動，帶進我的藝術課堂，帶給我的學生。

用藝術看出關鍵，鍛鍊思考

你可以想像，「觀看藝術」這件事，其實在美國是一門顯學嗎？

透過一則 TED-Ed 五分鐘短片「藝術如何幫助分析」（How art can help you analyze，二〇一三），我認識了艾美．赫爾曼（Amy Herman）所提倡的「視覺感知智能」（Visual intelligence）。

TED-Ed 是 TED Talks 和 YouTube 於二〇一二年起，聯手打造的教育頻道（youtube.com/techeducation）。把 TED Talks 中卓越的短講影片內容，結合優秀的動畫呈現，化為引人入勝的生動教材，目的是為了激發與滿足學生對世界的好奇心。TED-Ed 的標語便是「保持好奇心！」（Stay curious!）。這些豐富有趣，且不超過十分鐘的影片，是課堂絕佳的自學素材。

這則由艾美．赫爾曼創建的短片課程「藝術如何幫助分析」*，讓我對藝術課堂的

---

* 艾美．赫爾曼的短片課程「藝術如何幫助分析」
https://reurl.cc/dGGraz

積極價值有更深刻的體會，特別製作了學思達講義（如七六—七七頁，表一）帶領學生學習。這支影片所傳達的是，採用藝術分析手法，可以幫助任何行業透過徹底的觀察與分析，和簡潔清晰的表達，來察覺問題點。其中包含：仔細察看陌生或是日常的場景細節，指出表面的不一致之處，藉此培養對細節的高度關注與感知敏銳度，並能夠有意識地切換不同角度來看待事物。

艾美．赫爾曼用超現實主義藝術家馬格利特畫作《時間的凝視》來引導學生觀察。因此我在講義【問題一】先提出客觀性的問題，請學生初步觀察影片中所提到的這幅畫，畫中有許多細節可以仔細觀看，學生列舉出：「有一台黑色、冒著濃煙的蒸汽火車、白色大理石做成的壁爐、兩個金屬材質沒有放蠟燭的空燭台、一個正好是十二點四十五分的黑色方形時鐘，和一面連著牆壁、照著空無一物的房間的長方形大鏡子。」而不合理之處有：「一輛蒸汽火車莫名的從壁爐開出來，而且沒有任何鐵軌，明明有壁爐，裡面卻沒有半片木材，而且為了防止燃燒中的木材掉出來，通常會有欄杆護著，但它也沒有。蠟燭台沒有蠟油留下的汙漬，感覺不是擦乾淨了，就是新買的，但上面沒有蠟燭也很奇怪。」是的，不合理的部分是我們日常必須刻意練習覺察的，時時磨練自己的感知，解決問題的線索常常就在其間。

【問題二】是根據影片中提到的角色：醫護人員和警探，具體舉例說說藝術分析對他們工作上的幫助。學生問答：「①醫護人員：分析病人的病症時，可能要三個條件都有，才能夠確認是否患有這個病。但有時只有一、兩個條件符合，無法下定論時，就該試著以其他角度觀察、分析及判斷。②警探：在調查犯罪現場時，必須有敏銳的觀察力和高關注度；此外，還要能準確的分析每個線索，才不會漏掉任何破案關鍵。」

從觀看藝術到觀察周遭

接著，在講義第三部分，我用生活周遭的校園環境，讓學生練習觀察、思考與分析，那時學校裡有一間位置與空間值得討論的「創客教室」，請學生進行觀察和訪談，回答下列問題：

一、請描述這間教室的陳設（空間與設備）與其他一般教室的不同之處？
二、在這間教室所進行的學習活動為何？使用對象又是誰？
三、中和國中為什麼要存在這樣的一間教室？請試著用不同的角度來看待這個問題。

年　班　號　(姓名)　2017年

TED-Ed 藝術如何幫助分析

新北市中和國中 ｜ 孫菊君 編

【問題一】影片中提到超現實主義藝術家馬格利特的作品《時間的凝視》，請看著這幅畫，用文字詳細描述你看到了什麼？有哪些不合理之處？

Answer:

藝術能拯救生命嗎？那可不一定。但是被視為最有價值的專業人士（醫生、護士、警官）可以透過藝術解析習得真實世界的技能。像是細究馬格利特（René Magritte）的畫作《時間的凝視 Time Transfixed》強調的就是可見與不可見的事物可以增進溝通與分析的技巧。Amy E. Herman 講述了為何藝術史訓練可以為你儲備真實世界裡調查研究的技能。

Time Transfixed

René Magritte

Date: 1938

Style: Surrealism

Genre: symbolic painting

Media: oil, canvas

Dimensions: 146 x 97 cm

Location: Art Institute of Chicago, Chicago, IL, US

孫菊君老師學思達講義　1

表一：「藝術如何幫助分析」學習講義

年　班　號　(姓名)　2017年

【問題二】根據影片中所提到的角色，請具體舉例來說說，藝術分析對他們在工作上的幫助。

影片摘要

藝術可以訓練觀察者徹底研究，分析觀察到的元素，簡潔清晰的表達，並找出問題。

指出表面上的不一致，仔細查看一個陌生場景的細節，對細節高度關注，退一步以不同角度看待事物的能力。

Q1 醫護人員

Q2 警探

【思考＆分析】

中和國中有一間很特別的教室，叫做「創客教室」，請根據你的觀察和訪談，回答下列問題：

Q1 請描述這間教室的陳設（空間與設備）與其他一般教室的不同之處？（*請高度關注教室裡的所有細節，從裡到外，分區說明）

Q2 在這間教室所進行的學習活動為何？使用對象又是誰？（什麼樣的學生？或是老師？或是？）

Q3 中和國中為什麼要存在這樣的一間教室？請試著用不同的角度來看待這個問題。

① 學生的角度：

② 老師的角度：

③ 校長的角度：

④ 家長的角度：

Q4 請思考一下，這間教室的困境與展望，提出你的改革之道。例如：

①教室所在位置是否適切？

②教室空間是否足夠操作各種學習活動？有何限制？

③有什麼方法可以幫助發揮這間教室到最大效能？

孫菊君老師學思達講義　2

四、請思考一下，這間教室的困境與展望，提出你的改革之道。

這間創客教室其實是臨時建置的，這些年創客（Maker）計畫在各縣市如火如荼展開，學校爭取很多經費，購買的各式專業木工機具，卻不見得有妥善的空間環境來配置，正好拿來提問，請學生運用藝術分析的方式來進行反思。

學生細細的描述教室的內外配置：「裡面有許多做木頭的機器，例如切木頭的機器、做木筆的機器，還有很多木頭、樹枝堆在地上，外面放了很多拆下來的椅子零散木料，牆面釘了木頭當裝飾。」接著讓學生透過訪談，嘗試轉換不同人士的角度，換位思考來看待學校為什麼要存在這樣一間教室，例如：學生認為這樣的課程可以轉換學習樣貌，不用一直「呆」在教室。創客老師則認為這間教室介紹學習的另一種可能，讓學生認識職涯的多元性。而從校長的角度，接待校外來賓時，可以參觀學校不同的教育形式。

最後請學生思考這間教室的困境與展望，試著提出改革之道。學生提出：「創客教室所在位置不甚適切，機器操作的聲音非常大，會吵到四周的上課班級和會議室。而教室空間狹小，又堆放很多器材，很多工作需要移到走廊上操作，上課就會變成一半在教室，一半在走廊，會影響到路過的人。創客教室需要更大的空間，也需要有木工桌，才不會搖晃。」學生認真提出可行的建言：「找兩間相鄰的教室，一間用來放器材，一間用來教學，這樣教學空間就會變大了。」

讓學生先從瀏覽影片自學，觀察和分析畫作的細節，到察看與關注場景細節，練習以不同角度換位思考，提出自己的看法，這樣的歷程相當珍貴。我從來沒有想過，藉由藝術分析的學習遷移，可以如此深入日常生活中的觀察與省思。

觀看藝術作品的絕對好處

艾美．赫爾曼將她的研究與教學寫成《看出關鍵》（*Visual Intelligence:Sharpen Your Perception, Change Your Life*）一書，中文副標是：「FBI、CIA、全美百大企業都在學的感知與溝通技術」。她創辦的培訓機構「The Art of Perception」主要宗旨便是透過指導如何觀察藝術畫作來訓練「感知能力」與「溝通技巧」。赫爾曼擁有國際事務、法律與藝術史學位，在成為警務執法人士的過程，經歷太多需要「敏銳洞察」與「有效溝通」的生死交關情境。她在擔任紐約市佛利克博物館（The Frick Collection）教育主管時，因緣際會將原本為耶魯大學醫學院開設的藝術課程，廣泛引入紐約各醫學院，教導醫學院學生如何透過分析藝術作品來提升觀察病患的能力，並進一步將「感知的藝術」導入紐約市警員訓練、美國聯邦調查局、國土安全部、陸軍海軍、特勤局等各政府部門，並及於全美百大企業高階主管內訓，甚至被譽為美國的祕密武器。

根據腦神經科學研究，我們能夠觀看世界、了解並採取行動，都取決於大腦神經連結，而幸運的是，無論年齡多寡，大腦皮質都可以因為刺激而生長，我們必須不斷持續鍛鍊、刻意練習，為大腦增加更多新連結，讓感官和頭腦保持敏捷，注入活力以強化大腦運作速率。而艾美．赫爾曼主張「研究藝術」正是最好的方法，雖然我們可以駐足公共場所觀察人群，透過猜想對方的身分、感受與行動來練習觀察，但是人們來來去去，我們無法仔細驗證自己的觀察推測是否正確。而觀看藝術作品，則有絕對的好處：

一、**資訊清楚可得：**對於流傳有緒的藝術作品，其人物、身分、內容、場景、年代、背景原因等訊息大多清楚可得，可以成為完善訓練觀察、洞察與溝通技巧的材料，況且，藝術作品的故事，往往包含不同年代日常生活的各種情境。

二、**陌生新奇的經驗：**愈熟悉愈習以為常的情境，本於人的主觀與成見，反而不容易進入客觀的描述訓練。人們對藝術作品的陌生，有助於擺脫主觀，開啟全新的思考模式。

三、**人人都可發表意見：**這是藝術的美好之處。無須攻讀藝術史才能評論藝術，藝術專業並非觀察與溝通的必要條件，即使不懂藝術專業術語和歷史背景，還是可以利用藝術作品成為視覺素材來探討，發表個人想法。

艾美．赫爾曼的觀點，讓我連結到另一本關於觀看藝術的著作：《看藝術學思考》，雖然此書成書較早（原文版於一九九四年發表，中文版則是二〇〇八年，二〇一四年再版，更名為《看畫10分鐘，練出孩子的競爭力》），但頗為知名，是由哈佛大學教育研究院「零點計畫」（Project Zero）創辦人大衛．柏金斯（David Perkins）所著。柏金斯從一九七一年起就一直擔任「零點計畫」共同指導人，主持藝術、科學和日常生活等領域關於理解、創造力、解決問題和推理思考教學等長期性的研究發展計畫。

擁有麻省理工學院數學與人工智慧博士學位的柏金斯教授，卻大聲疾呼：「學生對於所學的內容，通常沒花腦子好好思考。提升未來競爭力，關鍵不在數理，而是藝術！」他提倡教育必須重視「學校不教的視覺思考力」。當家長總認為該提高的是數學和閱讀成績，而藝術表現的價值不需要深切重視時，柏金斯告訴家長，視覺力才是決定學生未來競爭力的關鍵，因為：

一、觀看藝術幫助我們想得徹底。

二、觀看藝術是練習思考的最佳工具。

藝術作品本身的特質，在於視覺上可幫助聚焦，可隨時觀看，用另一個角度去觀察，容易專心投入，反覆思索作品的意義，促進廣泛的認知能力，並容許豐富多元的連結等等。當數理課本往往只有單一標準答案時，藝術思考卻可以有多樣紛陳的樣貌，甚至讓人迷惑，想要繼續挖掘，可以與他人分享彼此看法，並出現各種不同的詮釋。

兩位學者都力陳「觀看藝術」對深度學習的積極性。我們在課堂上創造讓學生與藝術親近的場域，並不是為了訓練專業藝術家，也不只是所謂培養美感或怡情養性，而是可有效幫助提升洞察力和溝通力，覺察自身偏見觀點與破除固著思維，為人生做出正確的判斷與決策。

理解到藝術課堂可以發揮的價值，身為藝術老師，我不再看輕自己。藝術是觀察感知的能力，是溝通表達的能力，可以練習思考，發揮想像力，勇於冒險、敢於犯錯，將構想付諸實現，創造與創新。我可以帶著學生如專家一般產生好奇，浸潤在發現與探索的美好。每個學生有各自的秉性與資源，豈能用同一個標準來評價？我漸漸放下對「美的技術」的要求——要求他們做得跟我一樣；與對「鑑賞知識」的局限——局限他們想的跟我一致。我讓自己變得更柔軟有彈性，用欣賞的眼光看待學生表現，真誠為他們的努力喝采。而這樣的渴望，學思達助我實現那屬於我的「藝術課堂的價值」。

◎共鳴閱讀觀點

艾美．赫爾曼，《看出關鍵》（方智，二〇一七年五月）

英文書名為《*Visual Intelligence:Sharpen Your Perception, Change Your Life.*》意思是，運用「視覺智能」，將可使感知力更敏銳，進而改變生活！

艾美．赫爾曼為學生與職場人士設計的「感知的藝術」課程，以「4A」為核心：

一、**「Assess」（評估）以看見關鍵訊息：**認清視覺盲點之限制，調整個人的偏見，試著具體量化敘述所觀察的地方，不斷提醒自己避免妄下假設，並檢視遺漏的細節。

二、**「Analyze」（分析）以解讀訊息：**保持同理心，試著用各個角度與觀點去檢視，列出資訊的優先順序，幫助全盤性的訊息解讀。

三、**「Articulate」（表達）須精準描述：**再次重述以上的評估與分析，簡明扼要的加以核對，說出「你看見的」，而不是「你所想的」。

四、「Adapt」（調適）以改善精進：檢視是否因為個人固著觀點而影響判斷，駕馭自身情緒，尋求事實的線索驗證，並就教他人協助審視，發展合理的解釋判斷及評價。

赫爾曼的提示，為藝術鑑賞的感知覺察提供具體面向，有意識的發掘關鍵點，多元開放、悉心分析、清晰表達與合宜判斷。透過觀看藝術，不斷刻意練習、持續鍛鍊，大大有助於提升敏銳洞察力，強化策略與批判思考力，改善決策與溝通表達力。更棒的是，人人都可學會！

＊艾美・赫爾曼在二〇一八年另有一段動人的演講「談觀看」（A lesson on looking），大力推薦！
https://reurl.cc/WE7ele

解讀藝術領綱理念

我非常認同一〇八學年開始實施的「藝術領域十二年國民基本教育課程綱要」（簡稱藝術領綱），開宗明義所闡述的藝術教育基本理念：

「藝術源於生活，應用於生活，是人類文化的累積，更是陶育美感素養及實施全人教育的主要途徑。人們藉由藝術類型的符號與其多元表徵的形式進行溝通與分享、傳達無以言喻的情感與觀點。基於藝術具有如此的本質與特性，能激發學生的直覺、推理與想像，促進其創意及思考的能力。從表現、鑑賞與實踐的學習過程，體驗美感經驗，創造藝術價值，從而領悟生命及文化的意義。」

既然國民教育階段的藝術領域課程，都依循著藝術領綱所揭櫫的「基本理念」、「課程目標」、「核心素養」、「學習重點」、「實施要點」等，來進行課程發展、教材編選、教學實施與評量，上述文字，身為藝術教育第一線現場老師，或是對最新的藝術教育趨勢有興趣的各界人士，實在都有必要好好解讀一番。

一、「藝術源於生活，應用於生活」

藝術課程的選材要從「真實世界」去發掘，讓學生經過學習可以應用於生活，甚至產生「學習遷移」效應，有助於應對生活其他面向。例如：從校園的落葉進行色彩採集，分類並辨別色相、明度、彩度的變化，體會大自然的「色彩之美」，學習藝術專業知能中的色彩體系與和諧配色的原則，進而運用於日常空間環境與服裝配色，達到和諧舒適的視覺美感。

二、「是人類文化的累積」

人類的文化進展，有形或無形的凝結於藝術表現，藉由美術館的藝術作品、偉大作曲家的樂曲創作、舞蹈、戲劇、電影、影像錄像……等人類文明極致的表現，被悉心保留與收藏，這些全人類的世界文化遺產，正是需要經由一代又一代的藝術教育者努力傳承下去。

藝術課程的選材，必須涵蓋高水準的藝術經典創作，幫助學生了解人類文明一路走來的軌跡。此外，幾乎所有學科的發展歷史，都可以找到對應的藝術作品予以佐證，特別是視覺藝術作品。這也是現今教學現場熱切發展的跨領域課程中，藝術課程總不會缺席的原因之一。

三、「陶育美感素養及實施全人教育的主要途徑」

一〇八課綱以「核心素養」為主軸，細分為三面九項。在「溝通互動」大面向當中，直接列出「藝術涵養與美感素養」，說明國民教育應幫助學生「具備藝術感知、創作與鑑賞能力，體會藝術文化之美，透過生活美學的省思，豐富美感體驗，培養對美善的人事物，進行賞析、建構與分享的態度與能力。」這是指不管哪一個領域，都必須將這項「藝術涵養與美感素養」融入課程當中。一〇八課綱的各領域部定課程綱要，都載明依循《總綱》所對應之核心素養，如何結合各領域科目之基本理念與課程目標的具體展現，舉例如下：

- 國小階段「國語文」科目：「運用多重感官感受文藝之美，體驗生活中的美感事物，並發展藝文創作與欣賞的基本素養。」
- 國小階段「自然」科目：「透過五官知覺觀察周遭環境的動植物與自然現象，知道如何欣賞美的事物。」
- 國中階段「數學」科目：「具備辨認藝術作品中的幾何形體或數量關係的素養，並能在數學的推導中，享受數學之美。」

- 高中階段「社會」科目：「體會地理、歷史及各種人類生活規範間的交互影響，進而賞析互動關係背後蘊含的美感情境。」

不管是要讓學生欣賞與體驗來自生活、動植物、自然現象之美的事物，辨認數學幾何形體之美，或是體會文化脈絡下的美感情境……相信都需要美的感知與分析技術，而藝術課程確實是幫助達成各領域美感素養的學習途徑。藉由「藝術」的加入，學習將從知識走向更深的感知、覺察與探究。這也是為何美國大力推展其國家競爭優勢發展方向——「STEM」教育（科學 Science、科技 Technology、工程 Engineering、數學 Mathematics），後來會轉變為「STEAM」（STEM + 藝術 Art）的原因了。同時也提示我們，當各科教師執行一〇八課綱非常重視的跨領域課程時，與藝術老師的跨域共備合作，是豐富教學、貫徹核心素養的絕好機會。運用各領域領綱核心素養中關乎「藝術涵養與美感素養」的陳述，來找到彼此可共同理解的具體合作方向。

四、「藉由藝術類型的符號與其多元表徵的形式進行溝通與分享、傳達無以言喻的情感與觀點」

藝術教育並不僅是學習如何美觀好看、美妙好聽而已，之所以「藝術涵養與美感素養」會列於「溝通互動」之大面向，便是藝術可以將不好用言語說出來、不易化為文字寫出來，那些人類難以言喻的情感，以其多元且獨特的形式表達出來，突破了語彙與地域的障礙，藝術成為世界共同的語言。於是人與人之間，可以透過藝術形式，用感官性、直覺性的情感，彼此理解與體察，深入共鳴。

藝術便是如此，幫助人與人之間溝通表達與情感交流，對人類的演化與生存，具有決定性的關鍵地位。在學習階段，倘若能藉由藝術課堂嘗試進行抽象難以名狀的覺察，練習視覺圖像與思維的轉化、音樂的領受與情感的流洩、肢體的律動與內在的轉化，對每個學生潛能特質的顯現，將有極大的幫助。

五、「藝術本質與特性，能激發學生的直覺、推理與想像，促進其創意及思考的能力」

藝術之於學習，於本質上最獨特的部分，便是幫助學生開啟直覺式的感性思維面向。人類科學進展到對大腦運作機制愈來愈明白，如何讓被稱為「創意腦」的「發散模式」，有機會參與大腦思考的運作，對於教學現場的老師施行有效教學，引導帶領學生「學習如何學習」，可說是愈來愈重要。

《學習如何學習》（*Learning How to Learn*），以及《大腦喜歡這樣學》（*A Mind for Numbers*），是著名醫學與生物工程學教授芭芭拉·歐克莉（Barbara Oakley）的著作。她以大腦神經科學研究為理論基礎，發展有效的學習工具來改善全世界的教育現場，並主講全球開放線上學習平台「Coursera」上最熱門的課程——「學習如何學習」。

歐克莉教授提出：人腦的思維有雙模式——「專注模式」與「發散模式」，好的學習策略總是在這兩個神經網絡之間適度切換。人們經常忽略，卻與創造力密切相關的是「發散模式」。當然「專注模式」是絕對不可缺少的主要思考方式，大腦總是用理性的、循序漸進的、分析的方法來解決問題，但是「專注模式」卻常常會發展出過度熟悉的思維路徑，以至於老在根深柢固的既定觀點中打轉，甚至陷入死胡同。這時啟動「綜觀全局」以掌握大方向的「發散模式」就至為重要，適度放鬆自己，任思緒神遊以進入發散模式，才能幫助大腦的不同區塊進行連結，以產生珍貴的洞見。

甚為可惜的是，大多數人都忽略釋放發散模式下的「彈性思維」能力。教育的過程強化的總是專注模式下的「分析思維」。大腦執行區「前額葉皮質」有如認知過濾器，成年後便發展成熟，在理性過濾器之下，人們愈來愈趨向慣性與定型，這就是為什麼前額葉皮質尚未成熟的孩子，在學習力與創意上都更活躍，正所謂「有創意的成人，是倖存下來的孩子」！

在教育過程中，如何保留赤子之心，讓彈性思維的天賦能力不要流失太快，避免最後成為固執乏味的大人呢？我想，藝術教育的價值便在這裡展現。藝術教育的本質與特性，正是藉由課程活動，培養彈性多元的思考、鼓勵天馬行空的創意。學生在藝術課堂可以激活其直覺感受、跳脫固定框架進行想像與推理，在制式學校教育中，這種給予學生練習與發展彈性思維的機會，是多麼可貴！

六、「從表現、鑑賞與實踐的學習過程，體驗美感經驗，創造藝術價值」

哈佛大學教育研究院「零點計畫」創辦人大衛．柏金斯教授在教室授課時，坐在最後一排、懶洋洋舉著手的大學生，曾經向他問道：「什麼才是真正值得學習的知識？」而且不只一次。柏金斯教授說他非常討厭這種自負又無禮的提問，但是這類問題卻表明了：對那些不一定有趣的話題，學生們根本不願意給半點機會！也告訴教學者，為了滿足未來社會的要求，「值得學習的知識」正在不斷拓展中，柏金斯在《為未知而教，為未來而學》（*Future Wise*）一書指出具有生活價值的學習要符合「六大超越」：①超越基礎技能，轉向二十一世紀關鍵綜合能力；②超越傳統學科，轉向新興的、整合的、具備差異特質的學科；③超越各自分科，轉向跨學科與跨領域主題；④超越區域性觀念，轉向全球化議題、現象與問題；⑤超越純學術性，轉向與批判思考和現實情境做連結的學習；⑥超越既定已知的內容，轉向提供多元選擇。

回應藝術領綱最初所提及的「藝術源於生活，應用於生活」，由於藝術的開放性與多元性特質，藝術教育特別容易藉由「表現、鑑賞與實踐的學習過程」，幫助學生進行柏金斯所說的「全局性理解」，對問題深刻的探討與理解、進行判斷、採取行動，進而拓展到生活其他層面。

舉例來說，自一〇五學年度起，教育部推展美感教育中長程計畫，旨在藉由美感課程的推動，讓學生覺察美、探索美、感受美、認識美、實踐美。教師引導學生從生活周遭與自然素材中，擴增自己的質感經驗庫，並藉由對藝術經典作品與專家設計案例的探討，體驗與辨別合宜的美感搭配，豐富自己的視野及感受敏銳度，進一步回到學生的現實生活，帶著好奇心，或是發現不合宜的視覺呈現，予以優化改造，或是在設計條件限制之下，進行適切的美感創造。因為實際從「做中學」的學習歷程，藝術課堂所習得的知識，將更能轉化為與之相關、為之所用的「真正值得學習的知識」。

第三章

心法篇：交出課堂主導權

著眼於「Why」（為什麼教）和「How」（如何教），而不只是聚焦於「What」（教什麼）。從「課堂機制」開始調整，從學生最易感的「分組機制」和「即時回饋」開始改變。

3-1 藝術課堂的積極價值

從下向上的改變力量

教育部一〇八課綱施行前後的這幾年，教師自主性研習相當蓬勃發展。不只是工作週間，甚至週末或寒暑假期間，全台各地都有數不盡的論壇講座、講演研習、增能工作坊、共備社群、讀書會……同時進行。對願意精進自我的教師而言，這是幸福的時代，資訊易取得、樣態也多元，例如在「全國教師在職進修資訊網」上，各種研習訊息都是透明公開，且歡迎各地老師免費報名進修。

也在這幾年，「教學的技術」才開始受到重視，各種教學方法、引導策略、教學訊息設計等增能研習場合，紛紛在教育圈口耳相傳。老師們在課餘下班後，願意犧牲假日，甚至拋家棄子不遠千里南來北往，為的就是想刷新自己的教學思維與技術。看到動輒上千人參與的教育研習，以及因此引動的教學改變議題，開始在新聞媒體露出，引起社會關注，家長關切，這股由基層教師從下向上的改變力量，確實令人大為振奮。

二〇一四至二〇一五年，我開始嘗試踏出舒適圈，迫切渴望改變教學樣貌，積極尋求各種自我精進的可能。過去，我對參與教師研習總是態度消極的，原因是研習內容往往不符期待。校內研習是校園各處室的例行性業務，並規定全體教職員工都必須簽到參加。開學前夕老師們正值忙碌備課、瑣事催逼，這種被迫參與的研習總被視為苦差事。研習內容往往又與政令宣導有關，例如：CPR急救、防火防災、輔導知能、環境教育等等，與進行中的教學準備毫無關聯，而講者講演技巧多偏單向講述式，內容或形式都無法吸引人，聽眾很容易因為無聊而難以專注，最後台上講得口沫橫飛，台下聊天、打盹、滑手機、做自己的事（聽起來熟悉嗎？課堂上師生之間，也常常是如此）。參與這樣的研習，我總覺得沒有實質增能，反而是精神損耗。

可是現在，有了教學改變的具體需求，廣泛瀏覽書籍或是自學線上資源之後，反而更覺察自己的不足，因為好奇於是更加迫切渴求答案時，走出自家會議室、走出校園舒適圈，以尋求更多的可能，是身為教師尋求專業成長的必然路徑。

一旦走出去，我彷彿游向大海的小魚兒，海的遼闊讓我驚奇，海的美麗讓我驚嘆。

藝術的教材與教法

最初可搜尋到的校外研習場合，鮮少針對第一線老師需求論及藝術領域現場的「教學的技術」。藝術教育的研習，多以藝術媒材媒體之類的內容增能為主，或是教學成果發表會，或是新課綱宣講與學術論壇等，讓老師們因此學習新的藝術創作形式或技法，觀看教育部計畫下執行學校的作品成果，或是聆聽藝術大學教授的學術論文發表。

這與我在二十年前的師資培育歷程經驗相符，我們都得修習藝術教育相關理論與「藝術（美術／音樂／表藝教學）教材與教法」的專業學分。所謂的「藝術教材與教法」，主要是學習以藝術課程綱要所要求之格式來撰寫教案，並有機會透過教學觀摩與教學演示，初探藝術課堂的實戰樣貌。

對於羽翼未豐的新手老師而言，光是對教學素材的熟悉程度與教學要點的精準拿捏，都顯得捉襟見肘。教案撰寫僅是套用「準備活動——展開活動——綜合活動」格式來鋪陳，師培課程的探討也多以教材呈現的完整性為主，況且因為實戰經驗不足，確實難以針對教學策略與班級經營進行課堂現場的想像與模擬。

就像是人們常常會說，沒有人一開始就學會如何當父母，即使看過再多的育兒書籍，上過再多的教養培訓，抱著玩具娃娃做過多少次的洗澡、拍嗝、換尿布的模擬練習，也非得手上被塞了一個活生生的幼兒，當父母的訓練才正式開始。

新手老師在課前不管寫過多少份教案，甚至投稿教案競賽獲獎，不管腦海中沙盤推演多少次教學流程，一切都要在踏入教室的那一刻，教師養成之路才正式啟航。繼而覺察到，即使我們認為自己的教材準備有多麼精采有趣，預想的教學成果有多麼美好動人，要確實把教學素材的知識與方法，從老師端傳遞到學生端，是有多麼的窒礙難行。

對「教學的技術」沒有概念，或是效果不彰，學生沒有學習意願與動機，老師費盡心思端出自以為豐盛美好的菜，學生卻完全不埋單，這樣的挫折與心寒，許多第一線的老師都切身經歷過。

最初接觸「學思達教學法」時，便是在瀏覽輝誠老師演講影片與其他先行老師們的臉書、部落格文章之後，開始主動積極參與校外自主性增能研習，那時其實並沒有藝術科老師公開分享學思達在藝術教學的課堂樣貌。於是，揣摩著語文科或社會科的學思達課堂風景，我試著以一己之力開始在課堂轉化與實踐。

現在想想，身為藝術老師的我，為什麼可以出入其他領域的研習場合參與學習，而且還頗得心法、深有所獲，也是因為老師們共同關注的，是精進教師「如何教學」的技術，是體察學生「如何學習」的技術，而不是針對單一課程特定素材的介紹與教學示例。也就是著眼於「Why」（為什麼教）和「How」（如何教），而不只是聚焦於「What」（教什麼）。

教學的黃金圈思維

「Why-How-What」，來自賽門・西奈克（Simon Sinek）「黃金圈」理論，他在二〇〇九年發表知名 TED 短講：「偉大的領袖如何鼓舞行為」＊（How great leaders inspire action），成為 TED Talks 十大最受歡迎的影片之一。

「黃金圈」是從內向外的同心圓，最內層是「Why」，中間層是「How」，最外層是「What」：

「Why」（為什麼）是目的、使命和信念。

「How」（怎麼做）是用來實踐信念的行動。

「What」（做什麼）是行動的結果。

西奈克陳述，三者要達到平衡，信任才得以建立，價值也獲得確認。而所謂領導人，就是以明確的「為什麼」來感召與帶領，他們啟發人心、喚起熱情，激勵追隨者產生使命感與歸屬感。追隨者跟隨領導，並不是要遂行領導人的目標，而是證明自己內心的信念，成就更好的自己。所以，完成任務的成就感，雖然來自「做什麼」，但更美妙的喜悅卻源於「為什麼」做這件事。

回歸到教學工作的省思，「黃金圈」理論的思維，讓我頓悟到之前所說的，何以當老師面對「教材教法」時，比較容易著眼於「教材」，也就是「教什麼」的層次。

可以施行的「What」在同心圓最外層，範圍最大，在藝術教學的範疇裡，更是天地萬物俯拾皆是教學素材，而技術日新月異，永遠有新的創作方式時時被開發出來，透過網路的無遠弗屆，現在的老師隨時都可獲取訊息與靈感，臉書頁面或 YouTube 頻道一

＊賽門．西奈克知名 TED 演講影片「偉大的領袖如何鼓舞行為？」
https://reurl.cc/R6onVZ

打開，閃過眼前的教學好點子何其多！對於一向擁有相對多樣的教學自主性，隨時可以彈性自編教材的藝術老師而言，如果一開始忽略了「為什麼」的核心教學目標，很容易在「What」（教什麼）和「Why」（為什麼教）之間缺乏連結，讓「How」（如何教）層級的教學程序混亂迷走，無法達成預期的教學成果期待。

老師在備課階段，有很高的機率總是先想到「教什麼」。開學前拿到新課本與教師手冊，老師總是邊翻閱邊思量：「嗯，這學期有版畫、漫畫、臺灣藝術史、公共藝術……這個單元看起來有趣，這個可以配合學校的校慶活動，好！這學期就來教這兩課吧！」又或是因為剛剛參與工作坊、研習、展覽、演奏會、舞台劇、藝術季等活動，自身體驗深刻有感，於是立刻編成課堂教材，但事實上受教的學生未必有感；或是申請教育部實驗課程進班計畫，教學內容必須考量計畫著眼之課程構面，有些老師自然會以最終的成果呈現為備課目標，而缺乏教學脈絡的思維，忽略如何在課程中與學生產生連結。

黃金圈中的「Why」（為什麼教），便是「以終為始」。當我們可以預先看見，因為這門藝術課的學習，讓學生獲得什麼樣的「素養」或「能力」，而非僅著眼於最終作品的產出時，教學過程中所要考量的，也就是「How」（如何教），便不只是技術步驟的傳遞，而是如何引導學生產生好奇、主動探索、多次嘗試，以及後設思考整個學習歷程所帶來的改變與成長。

有趣的是，我個人的增能成長歷程中，這些教學思維的更新，都不是在藝術教育場合學習到的，而是當初勤跑各領域研習場，向語文科、社會科、數理科、綜合科老師取經而來。因為有機會跨出同溫層，當聽到講師闡述他們「教學的技術」時，我總是在腦海中加以轉化，勾勒出屬於我自己的藝術課程樣貌。

學思達教學法有別於著眼教材內容，是整體刷新我的教學思維的一套創新教學心法，以此心法為基礎，我發展出「藝術學思達」的課堂實踐樣貌。

從「教材包」開始的反思

什麼是學思達教學法？創辦人張輝誠老師在《學思達》與《學思達增能》兩本書中，說明「學思達」是一套完全針對學生學習所設計的教學法，包含學生自學、提問思考、小組討論、學生表達、教師統整等五個環節的教學步驟。教師必須製作以問答題為導向，涵蓋補充自學素材的學思達講義等教材，透過「既合作又競爭」的小組合作學習之模式，將學習權交還給學生，讓學生成為課堂的主角，而教師則轉換為編劇、導演及主持人，著重引導式的教學方式。

在傳統課堂，老師為主要的傳道、授業、解惑者，教室內聚光燈總打向講台上的老師，偶爾邀請學生與之互動，對話或問答，但實際上的掌控者依然是老師，在講述法的長久鍛鍊之下，每位老師都練就一身講課口沫橫飛、滔滔不絕的本事。但是我們都知道，老師單向式的知識傳授，教學效率極低，擁有如明星光環的老師，即使對教材如何熟悉、解題多麼精準，愈來愈厲害的永遠是老師一人。

輝誠老師為了打破填鴨教學方式與僵化的評量工具造成學生學習意願與學習成效低落，提出「自學、思考、討論、表達、統整」五個不斷循環的步驟歷程，希望可以改革台灣教學現場的問題。

反思在藝術課堂，即使需要灌輸的知識點不如學科多，但是，若要傳授一項術科技能讓學生都學會、精熟到可以應用，實在也不容易，藝術老師很容易也落入填鴨教學的窠臼而不自知。其中為人詬病的，就是視覺藝術課堂上所謂的「材料包」（過去的「工藝課」及「家政課」也常常有這種方便包）。

坊間很容易找到已經打包好所有材料的「美術教材包」，各種媒材、各類主題應有盡有，最初也許是為了方便老師教學準備，由廠商協助代購材料，分裝成一份一份，減輕老師課前準備的負擔，但是發展到後來，有些廠商經營教材包的開發，貼心地連「課程操作說明書」都置入包裝當中，供學生按圖索驥，一步一步操作組裝，最後產出極為類似的成品。

材料包確實可以減省大量預備時間，讓善於教學引導的老師得以專注於課程設計開發，一樣可以讓學生利用素材，產出富有創意的作品。但更多的狀況是，材料包讓貪圖省力的老師，或是非專長授課教師，可以不用認真設計課程，只要依據說明書講授步驟與示範標準流程，學生也可以做出漂漂亮亮的美術成品，展示在教室布置或家中。

或許有些人會認為，在藝術課堂輕輕鬆鬆動動手、唱唱歌、跳跳舞，讓學生在鎮日繁忙的學業壓力下可以抒發，也是好事。到現在還有成年人有這種刻板印象：「藝術課不就是美術老師發下圖畫紙，自己畫畫嗎？或是音樂老師彈鋼琴，大家一起唱唱歌？表演課？唔——我們以前沒有這種課……」正因非考科的藝術課不以標準答案來評量，怎麼做都可以，怎麼解釋都行得通，造成有些老師選擇輕鬆的途徑。學校將藝術課視作緩解師資結構不平衡之配課科目，因為社會大眾與家長對藝術課堂的期待本來就不高，當整體社會不把藝術當作必要的重點教育項目，藝術老師也不把自己的課堂當作重要的學習科目時，這門課的價值感因此低落。

這樣的現象居然是社會大眾的普遍認知，我總覺得甚為可惜。如前章所述，我深信，藝術可以幫助學生啟發創意、追隨熱情，可以支持學生的天賦特質，可以訓練感知能力與溝通技巧，可以讓人們想得徹底、練習思考，怎能僅僅將藝術課堂當做追求小確幸的手作課或唱遊課？

藝術課的「自學」，絕不僅僅是發下材料、定下主題，就讓學生自由發揮；藝術課的「思考」，也不只是在一問一答之間，只為了確定學生沒出神、有回應，跟得上教學步驟；藝術課的「表達」，更不只是把產出成果掛在牆上展出、站在台前演出。「藝術學思達」是在「以終為始」的教學目標下，從學習素材的選擇、提問策略的設計、課堂機制的設定、團隊協作的營造、討論發表的參與，由教師不斷給予正向積極的回饋，並支持著學生本身差異化特質的學習。

改變，就從藝術老師開始

任何改變都不是一蹴可幾的。但是，幸運的是，藝術教學在往學思達或其他創新教學方向邁進的路上，比起其他學科阻礙確實少了許多。我最初在推展藝術學思達的分享場合中，常常信心滿滿的宣稱，藝能科要做學思達教學，真可謂「無痛翻轉」！這也是由於自身的翻轉經驗，讓我很快就嘗到改變帶來的好處。

沒有阻礙到底是幸還是不幸？我總會用藝術老師的「美麗」與「哀愁」來形容。如果從負面角度來看，非考科的藝術課堂無關緊要、不受重視，學生學習意願消極，老師價值感低落，還不時被學校長官當作裝點門面的工具人，美其名「借重專業」，時常得做教學之外的額外工作，如文宣設計、場地布置、串場演出……前述種種讓人厭惡的瑣事暫且不表，當我們轉身看向做為藝術老師的「美麗」時，確實又讓人稱羨不已。

非考科的教學國度，可是多麼愜意自在！沒有升學考試的壓力、沒有統一進度的束縛，即使採用藝術課本，授課內容還是可以充滿彈性與各種可能性。教學相對自主性高，讓每位藝術老師可以依據學生特質、校本主題、專長項目等等，設計最符合自己課堂的課程。學校和家長，很少會干預藝能科的授課內容，一旦藝術老師起心動念開始改變教學方式，受到的挫折和阻力，往往來自應變新局而產生的心態不適與能力缺乏，而不是外在環境的流言蜚語與成效檢視。

至於在藝術課堂，由於學習成果與升學的連結沒有那麼緊密，那種因為課堂學習方式改變而產生的動盪，導致需要面對部分學生或家長的反彈之聲，這樣的情況在藝能科確實較為罕見。再說，學思達教學法重視「師生對話」，常常可以藉由與學生正向連結，幫助覺察反彈的真正原因，調整教學策略以因應學生內在的期待與渴望。

因此，藝術領域要從事教學改變，一開始就贏在起跑點，而要能穩健堅持下去的最大關鍵，就在藝術老師身上。

於是，一旦動念，我義無反顧的開始上路。發動改變的最初，是為了想要提振課堂上學生的學習動機，期待可以將我熱愛的這一份藝術美好傳遞給學生，讓他們有機會也跟我一樣，因為藝術讓人生有不同的體驗與感動。因此，激發學生的學習意願是原初的目標。於是，我的藝術學思達課堂，便從「課堂機制」開始調整，從最有感的「分組機制」和「即時回饋」開始改變。

當我目睹學生專注自學、熱烈討論的課堂風景之後，連帶發現學生的表達內容與學習成果，竟然遠遠超出預期，深刻而精采。原來，過去我一個人感覺良好的滔滔不絕、自導自演，享受自己身為最佳女主角，沉溺在把課程講得多麼生動有趣的舞台光芒，但是身為觀眾的學生，卻都只能在聚光燈之外的昏暗當中恍神迷走！

漸漸的，當我把主角的位置和更多的演出時間讓給學生，他們高品質的專注自學、思考和討論，讓我更有信心把學習素材的難度與複雜度提高，即使一個人的理解有限，也可以透過小組同儕之間的核對、提點、討論、協作，讓學習愈來愈有成效。現在我完全不敢小看課堂上的學生，他們的潛能與可能性是那麼驚人，只要設定好課程目標，架構有脈絡的課堂鷹架，引導學生一步步向前，同儕總會發揮最大的助力，協助彼此一起走。這些發現，都是我在投入學思達教學之前，難以想像的美好課堂風景。

讓思考可見的歷程

所有的課堂機制、引導策略，以及課程鷹架的設計，都是為了讓學習者覺察自己思考的歷程。

物理學家雷納・曼羅迪諾（Leonard Mlodinow）在《放空的科學》一書中談到「何謂思考」。在演化過程中，動物會為了解決問題，發展出三種複雜的資訊處理模式：腳本化思維、分析思維和彈性思維。為了減少決策疲勞，自然界會採行腳本化行為，讓自動化的慣性行為來因應例常狀態。因此，我們在日常生活中常常有一些不假思索的回應，像是自然而然直接選擇走平常熟悉的路線，站在商店飲料櫃之前隨手拾取再熟悉不過的飲品項目等，腦袋運作完全不費力氣。雖然很輕鬆，但腳本化思維無法做出適當決策以因應情境的變動，這時候，我們必須進入培養分析思維與彈性思維的「思考」：評估環境，藉由產生想法來做出有意義的回應。

由此可見，倘若想要讓學生在課堂上進行有意義的學習，必須給予他們足夠「評估環境，進而產生想法」的機會。試想，一堂只有老師單向講述式的填鴨授課教學，如何可以讓學生有充足的時間與空間來發展有意義的思考呢？再說，把台灣制式教育下的學生每週課表攤開，加上緊湊的課後活動、繁重的家庭作業，每天行程滿檔、睡眠不足的學生們，可以有多少彈性空白的時間，覺察自己學習的狀態呢？為了趕上段考進度，師生總是精神緊繃。老師光是要講述完進度內容都得卯足全勁，學生不斷被灌餵過多的資訊，哪有可以完整消化，甚至進行深度思考的機會呢？至於那些新課綱所要求，課表上應該要有的彈性空白時段呢？往往又是另一堂靜態聽講式的學科加強課程。

因此，我一直相當珍惜與看重的，是在藝術課堂上，因為彈性與自主，有機會讓學習節奏緩下來，讓學生真實體會到思考的歷程，從「記憶」、「理解」，往「應用」、「分析」、「評鑑」，到高層次的「創造」階段——也就是布魯姆（Benjamin Bloom）的認知六目標。在工廠化製程般緊湊的制式課表中，藝術課堂較之學科有更多可能性，可以藉由藝術課程的參與，幫助學生培養「批判思考」（critical thinking）、「溝通表達」

（communication）、「團隊協作」（collaboration）、「創意創新」（creativity）這4C面對二十一世紀的關鍵能力。雖然藝術課時數不多，卻讓學生在一週之中，有機會真正體驗到評估狀況、形成解決問題的想法、付諸實踐，測試、反思並再次修改與調整，這一整個「思考」的歷程。

藝術課可以培養的核心素養，不只是「藝術涵養與美感素養」，更是「自發」、「互動」、「共好」的全人教育精神，藉由學思達教學法觀念的導入，藝術課堂甚至可以成為教育創新翻轉教學的前哨站，成為沉滯不前的制式校園開始變革的啟動引擎。藝術課所培養的關鍵能力，讓學生產生學習遷移的效應，將改變的力量擴散到其他課堂。

這是我認為的，藝術課堂的積極價值。

◎共鳴閱讀觀點

賽門．西奈克，《先問，為什麼？》（天下雜誌，二〇一二年）

賽門．西奈克講述「黃金圈」理論的演講，在TED Talks的點閱率名列前茅。從內向外的「Why-How-What」，是我看過最簡單的道理，卻同時是解釋最深刻的真理。「黃金圈」的名字來自「黃金比例」1:1.618，大自然如此變動而複雜，但是從大自然歸納而來的黃金比例，卻告訴我們，大自然其實比想像的更有秩序！就如同「先問，為什麼？」可以讓我們所面對紛亂的情境穩定下來，回歸本質，找回初衷，因應改變。

我們的快樂雖然總來自「做什麼」，但更美妙的成就感卻源於「為什麼」做這件事。

列舉幾個書中讓我很有感的動人「為什麼」：

一、賽門・西奈克的「為什麼」：「我想激勵別人去做感召他們的事，這樣一來所有人就會一起改變這個世界。」

二、蘋果電腦的「為什麼」：我們所做的每件事，都是為了挑戰、改變現況，因為我們相信「不同凡想」（think different）的力量。

三、一九一五年英國南極洲探險隊遇難後全員平安返回，來自原初在《泰晤士報》的招募啟事中清楚陳述此行的「為什麼」：「危險旅程誠徵隊員。薪資微薄，天寒地凍，不見天日長達數月，隨時處於危險之中，無法保證平安返航。但若有幸成功，榮耀加身，名滿天下。」因為這樣的「為什麼」，讓隊員們懷著「功成名就」的渴望，抱持深入險境的心理準備以應對挑戰。

啟發人心、喚起熱情，激勵追隨者產生使命感與歸屬感的「為什麼」，至為重要！身為教學者，需要發現自己投入教育志業的「為什麼」（為何而教），也必須形塑學生為自己而努力學習的「為什麼」（為何而學）。

3-2 啟動學習藝術的渴望

我的藝術學思達教學，始於很單純的思維，就是在課前努力擘劃腳本，在課間便可以好好放手，相信學生的能力，讓他們自己去探索、去創發。

交出課堂主導權的覺悟

在實行學思達教學法之前，我自認為善於開發與設計教材，從正式成為教師以來，製作簡報與學習單一向是備課日常。用簡報編排教學素材，據此講授學習重點，用學習單掌控學生的學習節奏，填空、寫心得、畫草稿，即使需要教學觀摩與演示，我總是有自信端出一堂精采課程。但我知道，在課堂上身為老師的意志仍凌駕一切，大部分學生總是課堂的客人。

學生坐著聆聽簡報內容，把空格填上答案，看似節奏明快、秩序良好，但收回學習單批改時，我馬上認知到一項事實——除了制式填答之外，學生並沒有真正進入理想的學習狀態。偏向開放式的問題，即使有零星幾位學生展現出有品質的想法，大部分學生的回應都顯得貧乏淺碟，甚至有一大票學生根本草草敷衍。

課程進行到術科實作的環節，情況也總是令人灰心。製作作品之前，我堅持所有學生必須先運用草稿學習單進行創作發想，而一連數週製作期間，秉持著「老師的指導會帶給學生直接幫助」的信念，我盡量在課堂上進行一對一、或是一對二的個別指導。針對學生的草稿或階段性作品進行指點或修改，這一直是過去我能夠想到的，身為藝術老師所能展現的最大誠意。即使時間有限、學生數量不少，針對每個學生的問題，我總是努力提供「師徒制」指導的機會，匠人的技藝不是都這麼手把手的傳授下來嗎？

因材施教，進行個別差異化的指導，確實發揮很大的成效。在一對一與學生討論作品歷程時，可以給予最直接的協助。往往經過老師的討論與提點，學生總是可以即時調校，讓作品益發成熟。每當給予學生專業建議，或是動筆示範、修改錯誤，因此讓學生心有所悟，我總喜歡聽到他們由衷的反應：「喔喔——原來是這樣呀……」這讓我十分滿足，深信自己是可以實質幫助學生的「好老師」。

我的內在冰山底層的渴望是成為被認可、被讚賞的好老師，而這樣的老師，必須能夠關照到每個學生。我當時的觀念是理應肩負巨大使命，在課堂「傳道、授業、解惑」。從自己的角色與需求出發，我把自己看成是課堂裡最重要的。

我自以為課堂上講得精采，事實上只有我陶醉其中，學生當作放鬆聽故事，最後記得的多半只是藝術家軼事和八卦緋聞，還有自以為可以和學生拉近距離的打屁聊天和笑話。我私心以為，所投入的個別指導對學生如同救贖，也確實經過指導的品質總是大升級，但時間永遠是最大的敵人，一堂四十五分鐘課程，扣掉遲到晚進教室的等待與難以克制的碎碎唸，扣掉下課前的收拾用具與整理教室，老師寶貴的個別指導，一節課的努力只能服務十個人，要堅持指導完全班的人，得花上三節課，還得不時起身走動，關注全班狀況，不由得感覺好忙好累！

而脾氣失控往往發生在忙亂之間，當我專注進行指導，努力對一到三名學生講解該注意的部分，修改他們的作品時，根本無暇顧及其他學生的學習狀況。曾經驚嘆前輩們的治班哲學，可以極度控制課室秩序，用一己強大意志力，巨大的師者身影，迫使藝術教室裡的學生安靜如同身處圖書館一般，但自己就是無法如此，風行雷厲、不苟言笑，本來就不是我的教學風格。因此，每當周圍的聲響愈來愈大、愈來愈吵，甚至已經到了喧鬧的程度，我的情緒燃點就會被引爆。

「啪！」一掌拍在講桌上，一腳踹向身旁的課桌椅，空氣瞬間抽真空，教室的氛圍從喧嘩到凝滯，學生們突然安靜了下來，接著是一陣沉默與空白，哪怕只有幾秒鐘，此時卻如同一輩子。

「全班都給我站起來！」往往到這地步，幾乎已無法繼續上課。猶有甚者，只要有人不耐煩的回嘴：「凶屁啊！」師生衝突便是一觸即發。我滿心自責，無法接納自己。滿懷的教育熱情，怎能不被耗損？我可以完全理解過去成長階段所接觸的某些藝術老師，材料發下去之後，寧可坐在講台上，離學生遠遠的，全班鬧翻天也不管，只等著下課收作品就好。這種無力感，也許是盡力避免師生接觸與衝突而採取的佛系應對法。

我總是努力指導學生，只求與學生之間心領神會，最終被擊垮的，是自覺到原來自以為的指導，對許多學生來說，只是漫不經心的動作與反覆碎唸罷了。就算學生接受短暫指導，當下有所進展，但更大的比例是，學生回去之後，學習成效急速消退。待再次檢視時，老師先前費勁的個別指導終究枉然，並沒有真正進入學生的心中。

我真切覺悟到，該把學習的主導權還給學生了。

認清青少年特質

多數父母／老師都認為自己與孩子／學生之間充滿「代溝」。怎麼講都講不聽，交代的事情左耳進、右耳出，更不要說是課堂上的知識或技能，要從老師這邊順利移轉到學生身上，真是難上加難。世代間的鴻溝既寬且深，秉持著好意，一味的把資源用力投向對方，常常如同把錢丟進海裡一般，令人心酸。

課堂上「授」與「受」兩方之間的狀態，值得琢磨。老師積極、熱切的把渾身本事遞交出去，學生卻是緊緊縮著、窩著，不願意把手伸出來，問題在於彼此沒有充分了解。師生之間共同的渴望都是被愛、被讚賞，也期待被對方看見與肯定，成為有價值的人，但雙方之間的渠道卻閉塞著，彼此都以既有的觀點去理解對方，並決定了自己的應對姿態。於是局勢演變成老師單方面費盡渾身解數給出去，而面對的學生根本不埋單，或者學生單方面認為自己有努力卻總是受挫，「習得無助感」讓他也不知道該怎麼做，才能符合大人的期待，得到接納與肯定。

老師必須了解面對的學生——這些年紀比我們少好幾輪的幼童或青少年。《家有青少年之父母生存手冊》作者彭菊仙女士，在書中揭露的幾個青少年特質，特別讓我有感，除了家長之外，天天需要與其交手的學校老師也必須有所認知。

一、青少年總是極為自我中心，最重要的階段任務就是「找自己」，極力想知道自己是誰？別人又是如何看待我？惶惶不可終日，也聽不進大人的任何建議。

二、朋友，是青少年階段最重要的資產。青少年不再依戀父母，轉而向朋友身上尋求認同感。有良好的同儕關係，身心會愈健康、愈有自信，也愈快樂。

三、青少年階段是重要的「承擔責任」養成黃金期。父母師長的應對策略，就是輕輕把球撥回去，信任他自己學習控球。

青少年在乎的，絕對不是講台上碎唸不停的那個人，而是「自己」與「同儕」。身為教學者兼人生重要階段的引路人，必須隨時自我提醒：

我們的課堂，是否有充分機會幫助他們探索自己、肯定自己？幫助他們確認自己的性格、能力、價值、目標和夢想之所在？

我們的課堂，是否可以善用青少年重視友朋同儕關係的特質，給予更多團隊協作與溝通表達的機會，讓他們從同儕的眼光看到自己的進步、成長與價值？

我們的課堂，是否給予學生承擔更多責任的機會？是否讓他們從體驗與參與之中，反思、後設、調整與修正自己的學習？能否藉由好奇的提問「把球輕輕撥回去」，讓他們有獨立解決問題的機會？

這些思考，不斷縈繞在我心中。回到自己的課堂現場，我深深覺悟，青少年滿不在乎的「中二」表象底下，藝術課是否更有機會，設計足以因應青少年特質，符合他們內在期待與渴望，以提供更多自我覺察與認同需求的學習場域？

從藝術學習中，學生因為有機會透過對藝術品的觀察與理解，覺知到自己在觀賞作品時的感受與反應，並嘗試在藝術創作中表達自己的心念想法，啟動一連串對「自我」的探索與覺察，從內在對這些觀察做出反應，創造意義與洞見，並從中得到關乎自己未來想像的各種可能。同時，藝術的開放性與多元性，也提供了同儕之間藉由共同對話、共同討論、共同參與、共同創造，塑造一個可以包容所有意見的共創共好平台，不再只有「非對即錯」、「非黑即白」的狹隘對立性。

認真思考起來，在校園的學習環境中，真正能滿足青少年這個階段的特質、提供對自我探索與同儕共創之修練場域，其實不多。打造符合青少年特質的學習殿堂，藝術課確實做得到！

◎共鳴閱讀觀點

彭菊仙，《家有青少年之父母生存手冊》

（天下文化，二〇一九年二月）

這幾年，我常常會在班親會誠摯邀請家長翻閱這本非常易讀好懂的書。不要以事業忙碌沒時間閱讀為藉口，因為書中四十三篇小文章，每篇都只有兩到三頁，在通勤、午休，或是在廁所的片刻間隙，為了降低青少年風暴對家庭或班級的損傷風險，父母與師長都應該投資一點時間理解青少年特質，我將之視為「買旅行平安險」的概念。相信一旦開始翻閱，便會情不自禁一篇篇讀下去，難以釋卷。

這本《父母生存手冊》，根據青少年心智成長的各式各樣重要關鍵，給予許多「黃金守則」式的建議，父母很容易就可以從中找到應對問題的解方。包含從大腦神經科學與生理及心理的發育過程，剖析青少年行為背後的祕密。幾式基本口訣的傳授，重點在於父母要認清自己角色的改變，願意視孩子為獨立的人，予以尊重、賦權及信任，用「協商式詢問口吻」代替「強硬式命令口吻」，用「約定」代替「規定」。

「有效」教養的腳本，永遠不脫「以身作則」四個字。要學生做到自律，唯有父母率先做到自律。要知道，史上最無效的催促孩子唸書法，肯定是父母一面滑手機、一面喊他去唸書。

3-3 藝術學思達課堂三寶

我的藝術學思達課堂之啟動，便是從「課堂機制」的改變開始，進而修練「提問引導」，爾後是「講義設計」的全面調整。

這個歷程，讓我在初初翻轉自己的藝術課堂，便獲得莫大的滿足，這是因為從課堂機制著手入門，學生最有感，也符合前述少年以「自己」和「同儕」為重的特質。

在演講分享場合，我常常把「藝術大聯盟分組法」、「海螺計分表」和「撲克牌加分法」，稱為藝術學思達課堂三寶，目的是建立設計良善的同儕分組合作環境，以及將正向回饋充分可視化的學習檢核環境。所有課堂機制的刻意營造，都是為了促進學生在學習期間的自學、思考、小組討論與表達，老師在引導策略的積極引入，與課程講義的設計製作，被視為學思達課堂的成敗關鍵，也是身為學思達老師的專業修練之道。

藝術課堂的現實狀況

藝術課對於課堂機制的營造，比起其他學科課程來得更容易「無痕轉換」，是因為多數藝能科的課程進行，本來就有分組的需求，只是原先的分組，大多是為了因應美術教室繪圖創作的工作大桌，為了表藝課小組排練、音樂課小組合奏表演所需，又或者是為了共用畫具、收發材料、收整作業所需。由於一週每班只有一節的授課時數，每位藝術老師手上可能會有十五至十八個班級，有時不免得跨年級或跨科別，甚至課表上還有各種不同的課別，比起主要學科（國、英、數、自）的任課老師，要藝術老師記住動輒五、六百人以上的學生姓名與個別狀態，極為費勁傷神。直接編號組別，推派組長成為小組與老師之間的窗口，往往是藝能科需要分組的主要原因。

授課學生員額數量龐大，要時時檢核每位學生的階段性學習成果並個別評量，對老師來說，也是極為吃重的任務。試想，倘若每個單元有三張階段性學習單和一份完整作品呈現，等於至少有一千五百份以上的作業等著批閱。而藝術課堂的學習單，大多屬於開放式的問答題、階段性的設計草稿與製作計畫陳述，甚至還得讓學生在作品繳交的同時，附上創作理念、心得反思……等等，確實不像學科測驗試卷，有標準答案，還可以讓學生交換批改、計算分數、檢查訂正。

認真的藝術老師幾乎用掉所有課餘時間，在作業堆當中浮沉，耗盡心神檢視每位學生的學習成果，提筆給予回饋。二〇二〇年全國 SUPER 教師獎得主——高雄市右昌國中陳純瑩老師，每年都執行一項對學生相當有意義的藝術課程：「夢想履歷表」，帶領學生提出自己的夢想職業，引導學生上人力銀行網站，蒐集該職缺的錄取要求與人格特質，並請學生列出未來獨立工作之後所需要的生活收支明細，思考夢想工作的薪水與生活現實之間的差距，打造一份符合自己特質的「夢想履歷表」創意立體作品。我曾眼見數個班的作品堆滿整間美術教室，量多到純瑩老師得召喚畢業學長姊回校協助，一起檢視與批改每份多達三、四百字的創作理念。倘若沒有像純瑩老師這樣的信念與熱血，很難每年不斷花這麼多的時間與精神來批閱作品，給予個別回饋，甚至為學生的作品舉辦對外成果展。同時，我們也可想見常常聽到的那句玩笑話——「就讓電風扇改作業啊，飛得愈近分數愈高，飛得愈遠分數愈低」。實情是，明明知道自編藝術課程講義或學習單，對學習成效的提升有莫大好處，卻仍有藝術老師從來不願意親自著手設計編寫，有可能是因為在課餘之外，實在無力顧及大量個別作業批改。

設計良善的課堂機制與分組策略，可以幫助老師克服現實環境的限制，運用學生同儕的力量，創造課堂上老師的分身。在以學生為主體的素養課堂，倘若沒有課堂機制的營造，協助每個學生在學習歷程各階段的參與、核對與調整，便不容易進入理想的學思達課堂節奏：自學、思考、討論與表達，這也是我著力改變課堂的入門磚。

藝術課堂的分組思考

開始決定實施學思達教學法的教學翻轉，第一件事便是著手改變慣常的分組方式。誠如前述，我在課堂上的分組僅是為了收發教材與作業之方便。曾經使用「放牛吃草型」的方式，開學之初向全班同學宣布，以四到六人一組為原則，課餘間自己組隊，再把名單交給班長或小老師，老師能夠當個「伸手牌」最快最輕鬆。遙想自己當學生時，也不喜歡被規定跟不喜歡的人同在一組，自以為這樣便能成為展現出尊重學生的開明老師之姿態，必然在一開始可以贏得學生的喜愛，殊不知這往往是悲劇的開始。

當小老師繳上分組名單時，伴隨而來的往往是一些難以處理的狀況，例如：「老師——○○沒有組別，沒有人要跟他一組……」總有看似不合群的「古怪」學生，永遠融不進團體生活。

我非常喜愛的日本小說家小川洋子女士，在散文集《故事就這麼誕生了：小川洋子的創作與日常》提及，她從小就不擅融入人群，常常在搞不清楚狀況下，發現群體中只剩她一人，不屬於任何小團體。原來，要順利度過學校生活所需要的技能，不見得是用功唸書或是才藝和體育，反而是如何在複雜的人際關係中，找到自己的位置。洋子有感而發的表示，在檯面下緊鑼密鼓進行的人際關係運作，常常在她發呆、恍神之際，事情就結束了。

班級小圈圈的形成，到底有什麼規則與審查制度？學生時代，校園生活最重要的，總是同儕關係，像是「五朵花」、「七仙女」、「老鼠家族」等等各種小團體，自然而然的微妙成形。在需求金字塔中的「愛與歸屬感」，不管在人生的任何時期，總是得被滿足。但是，自然也有像小川洋子這樣「像影子般存在感稀薄」的人，總在搞不清楚狀況下，只好選擇獨自一人。

不受團體歡迎與接納的理由千奇百種，「放牛吃草型」分組方式，產生問題最多的，就是無法進入任何組別的學生。當小老師繳出名單後，馬上成為老師得立刻解決的燙手山芋。看著眼神閃爍、慌張或是空滯的落單學生，望向全班皺起眉頭的鄙夷神情，思考要把他（她）塞到哪一組呢？似乎可以馬上聽到其他學生出聲抗議，感覺怎麼做都不對。以我的經驗，這是科任藝術老師在課堂師生關係經營情境裡，難以處理的課題困難度前幾名。

習慣「伸手牌」佛系分組的老師，還得面臨更多的考驗，在於自由分組必然也等同班級小團體的延續。關係親密的女孩們在一組，平常一起玩鬧的男生們在一組，那姊妹哥們聊起來、鬧起來的聲響，可是會把教室屋頂掀掉。有一個角落則特別安靜，就是那些「像影子般存在感稀薄」的幾位學生的組桌。在這種狀況下，老師得費勁管理課堂秩序，往往難以順利執行與經營小組討論和團隊共創的教學環節。也許哪一天，老師還會發現小組氣氛詭異，青春期少女少男的情緒總是敏感而易變，原來是姊妹淘吵架了，以前總是黏踢踢聊不停，現在分坐在小組最遠的兩端耍尷尬。這時候，藝術老師陷入是否該處理的兩難，而班級上課情緒有可能因此大受影響。

初初成為新手老師時，自以為是的大方讓學生自己分組，吃過幾次這樣的虧之後，便開始調整為「命中注定型」分組法，誰與誰在一組，交給命運來安排。有的老師是隨機抽籤，我則偷懶用座號來安排，男生座號01、02、03和女生座號26、27、28，六人同在一組，不用問為什麼，就是「命中注定」，用這種分組方式，學生們即使百般不願也只能接受，況且我還是有考慮性別異質的。在傳統單向講述法，分組只是為了安排座位和收發作業方便，「命中注定型」分組法，讓我與學生們相安無事十餘年。但是，當需要團隊協作，一起製作作品、分組簡報或上台表演，確實就無法發揮實質的團隊效能。組別中倘若有天使型負責任又主動積極的學生，團隊成果產出自然美好，否則彼此推託、擺爛，甚至是吵架衝突，作品往往草草了結。認真負責的學生，被打混摸魚組員所拖累，即使扛下全部任務，心中的不滿與委屈溢於言表，分數成果又是共享共擔，久而久之，烏煙瘴氣的團隊氣氛，影響到整體課堂進行，到後來，對於需要操作小組合作的教學方式，常常都顧慮再三，連帶領學生到校園寫生這樣的美術課日常，都害怕因為秩序難以控管，時而作罷。

「放牛吃草型」和「命中注定型」兩種分組操作，竟然讓身為老師的我，不敢讓學生在課堂進行團隊合作學習。為了分數的公平性和課堂秩序控制，沒有小組討論，沒有同儕互助，課堂氣氛沉滯死寂，這是我要的藝術課嗎？前輩告訴我，創作本來就是孤獨的，藝術家都是孤寂的，必須要能忍受獨處，才能挖掘內在感受，展現偉大的心靈與意志。前輩說，藝術課是情意的涵養，應該從小就讓學生們習於在安靜的境教中敏銳其感官。這樣的理由其實沒能充分說服我，我相信，成人的藝術學習或許如此，觀賞藝術作品也該如此，沉穩下來細細琢磨、靜靜品味。但是，面對這些荷爾蒙分泌旺盛、衝動善變的青少年，他們的藝術教育也是如此嗎？

我依然相信藝術課堂的重要任務是「點燃創意、追隨熱情」，要培養年輕人成為能夠面對不斷變動世界的「創意思考者」，而不是成為傳統觀念中被推崇的「藝術家」。

美國麻省理工學院教授米契爾．瑞斯尼克（Mitchel Resnick）在《學習就像終身幼兒園》提到學習要像「幼兒園」一般，讓孩子親手做，投身去想像、探索、玩樂與創造，每一次的玩耍經驗，又點燃下一次的學習動機，進入熱愛學習的樣貌。米契爾稱之為「創意學習螺旋」。在一次又一次的活動設計底下，教學者所要促進的，就是吸引著學生不斷進入學習情境的歷程。

教學者必須從舞台退下來，扮演如引導者、顧問或橋梁的角色，支持孩子以「熱情」（Passion）為基礎從自我的興趣出發，發展來自真實情境的「專案」（Projects），秉持著玩樂（Play）精神發展創意，不斷地實驗、冒險及測試界線，最後與同儕（Peers）彼此支援與互動，一起合作完成。米契爾教授用「4P」來說明教學者如何營造開放尊重的環境、重視修改調整的能力，與發展正向關懷的文化。

藝術課堂是創造及引發熱情的學習環境，要讓教學往「4P」靠近，我認知到，必須找到更好的分組機制，讓一切得以發酵，讓學生個個有事做、人人有價值，願意互助協作以共創共好。

藝術大聯盟分組法

「藝術大聯盟分組法」的想法來自高雄市英明國中郭進成老師的原始構想——「大聯盟球團選秀分組法」（如一三二頁，圖一）：模擬運動賽事中職業球團的工作職位，包含球隊經理、教練和兩位助教，讓四人一組成為一個球團。而每個學生的職位角色，是由老師來決定。學科的話可以根據段考成績，在藝能科，當然可依據不同課程所重視的關鍵能力，來區分學生的級別，例如：繪圖手作能力、樂器演奏能力、肢體表達能力……等等。

進成老師將學科成績最不理想的學生指派為「球隊經理」，由「球隊經理」負責第一輪的選秀，從成績最好的「教練」群中挑選一位異性同學，進入球隊成為夥伴。為避免選秀責任落在同一人身上，再由「教練」進行第二輪選秀，選擇成績中等的同學為球隊「助教①」，最後讓沒有被選上的同學自己決定加入哪一隊，成為該組的「助教②」，避免因為沒有被選到產生負面感受。

「大聯盟球團選秀分組法」，屬於「異質性分組」，令我耳目一新。進成老師說，這樣的分組加上適當的小組競賽機制，可以兼顧各組戰力平均，最弱的「經理」與最強的「教練」並列，強可以帶著弱一起學習，而能力相當的兩位助教可以自學或互學。此外，也因為每組都有至少一名較強的組員，團隊鬥志較能維持，帶著大家向前進步。

在我決定翻轉藝術課堂之初，適逢已任教一整年的班級從七年級升到八年級，開學之際，除了運用學思達說明影片，真誠的向學生傳達教學改變的理由，更刻意琢磨帶入「大聯盟球團選秀分組法」（如一三三頁，圖二），並將工作角色調整成更適合我的課堂的版本：球團老闆、明星球員、教練和牛棚選手，讓每個角色有明確的名

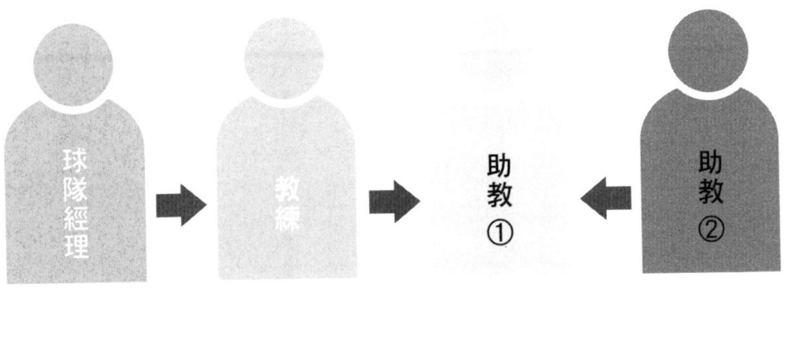

圖一：郭進成老師的「大聯盟球團選秀分組法」

稱，以取代「助教①」和「助教②」。在進行選秀之前，詳加說明每個角色的特質，從球團的工作型態連結到分組工作任務。

選秀前，明確地向學生解釋，每個角色都有其價值與任務，老師指派給每位學生的角色，是參酌上學期的學習表現。在視覺藝術課堂，若將手繪能力比擬為球場上揮出全壘打或是完封對手的能力，總是能夠揮出全壘打得分的，自然成為「明星球員」，是鎂光燈下的焦點，例如大家熟知的典範人物是在美國大聯盟奮鬥的王建民，二〇一六年他的年薪是一百萬美元（新台幣三千三百萬元左右）。但是，球團中最重要的其實是「球團老闆」，老闆雖然不會打球，但是如果他沒有出資，就無法聘任球員，也不會有比賽，觀眾就無法欣賞精采的運動賽事。在所有

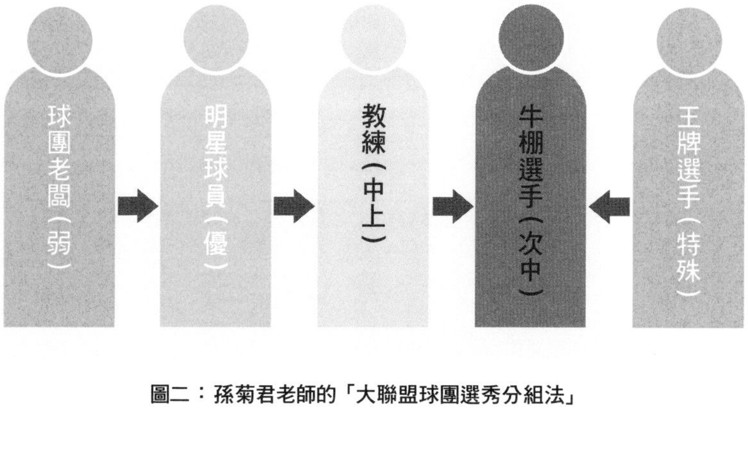

圖二：孫菊君老師的「大聯盟球團選秀分組法」

成員中，「球團老闆」其實才是身價最高的人。當時我在網路上查詢到的美國大聯盟老闆富豪排行榜，第一名是舊金山巨人隊老闆強森（Charles Bartlett Johnson），他的身價居然高達四十九億美金（逼近新台幣一千六百億元）！

而「教練」這個角色，過去可能是明星球員，只是因為體力也許不如年輕人，退休後轉職成為訓練球員的「教練」，善於幫助別人，也養活自己。例如被譽為「東方特快車」的旅日職棒投手郭泰源，他退休後轉任教練，曾任中華隊總教練。二〇一四年他和當時的統一獅簽下首席兼投手教練，年薪是新台幣五百三十五萬元。最後是「牛棚選手」，在牛棚待命的選手，並不是能力差的板凳球員，他們肩負起比賽最後的勝負關鍵，如果先發球員狀況不好，得隨時替補上場，以救世主之姿反敗為勝。那時最知名的是與王建民同隊的紐約洋基隊救援投手里維拉（Mariano Rivera），他是美國大聯盟史上最強終結者，身為救援王，年薪高達一千五百萬美元（新台幣四億三千萬元），比我們的台灣之光建仔多十五倍啊。

學生對職棒或職籃運動賽事都略有概念，一開始用賽事規則和球團成員來說明分組與角色，他們大多覺得親切或是新奇，而各角色的年薪數字也加深了印象。尤其是蹦蹦跳跳的男孩們，幾乎都可以靜靜聽老師說明，對難以置信的天價年薪驚嘆連連，況且選秀程序也不複雜，學生們可以理解規則，並思量應該找什麼樣的隊友，幫助團隊得分。

對每個角色的同理與心理建設，在選秀角色揭曉的當下是非常關鍵的，尤其是對「球團老闆」一群。當角色名單一秀出，學生們大抵會知曉「老闆」群幾乎都是學習態度較為消極，各學科表現偏弱的同學。有的學生甚至很敏感的顯露不悅，表現出「啥？我怎麼跟倒數幾名的是一樣角色啊？」，他們其實是為自己貼上「不如別人」的標籤。

有些老師對於把學生分成強、中、弱的「異質性分組」操作，感到不安或反感，覺得是在學生身上「貼標籤」。以我多年的經驗，意識到怕被貼上「弱勢」標籤，往往是來自內在的批判之聲與恐懼之聲：學生擔心自己不被老師認同、擔心被老師盯上找麻煩、擔心同學嘲弄鄙視；家長則擔心自己的孩子不受老師喜愛、擔心影響受教權和平等性、擔心被其他同學霸凌。

但是，請試想，倘若不管你被指派到任何一個角色，都可以得到同樣的正向回饋與應有的價值重視呢？學思達課堂創造的是溫暖正向的學習環境，不管是哪一個角色，都不應該被忽略，反而獲得可以表現自己特質的學習任務，有同等機會為團隊創造價值。如此，又何必為自己強加上「弱者」的標籤呢？「異質性分組」的角色身分，是個人特質的體現，而不是差異對待的標籤。

老師在課堂上的應對姿態相當重要，不管對於哪一群組，都以一致性的態度正向鼓勵學生盡情發揮、盡力表現。甚至更要在一開始初接觸學生的時候，強化那些平常學業表現落後的學生們的信心，充分表達老師對每位學生特質的尊重與欣賞，不管是幽默風趣還是鬼靈精怪，老師都會讚賞每個人以自己的長處參與課堂。善用師生之間的語態與姿態的連結，往往可創造溫暖安全的課堂氛圍，讓每個學生都知道，在藝術課堂，老師不會因為個人學業表現而有成見，老師看重的是每個人當下對活動熱中投入的參與度，以及如何幫助小組成員，共同為團隊表現增加亮點的主動積極態度。

正向溫暖的分組程序

將社會現實情境與狀況帶入分組機制的說明，往往可以取得學生們的認同。譬如，我會舉曾經蟬聯多年台灣首富的鴻海集團創辦人郭台銘先生為例。郭台銘的教育程度其實不算高，並沒有上過正規大學，而是於中國海事專科學校半工半讀畢業。但是他如何在學業成就不突出的狀況下，寫下傳奇的一頁，將個人企業打造成全球科技代工龍頭？除了勇於挑戰的意志與努力之外，便是懂得與聰明優秀的人一起工作。郭先生求才若渴，常把「千軍易得，一將難求」掛在嘴邊。在課堂上，我除了鼓勵「球隊老闆」用他們「睿智的腦袋、銳利的眼光」挖掘人才之外，也期許「明星球員」千萬不要小看目前在班上學業成績不佳的同學，他們每個人都有機會靠著自己的特質在離開校園後發光發熱，擔任社會的重要棟梁，或許還能在必要時刻拉你一把，成為重要的工作夥伴，甚至變成你的老闆。

當我這麼說的時候，常常會看到班上某些同學，望著投影布幕打出的郭董身影，臉龐出現若有所思的神情，眼角閃爍著微光。也許，在求學路上總是被鞭策著要用功讀書、要考試高分，卻很少人告訴他們——行行出狀元。人與人之間的溝通交流、協作共好，是多麼重要，特別是在社會的工作場域上。學校就是小型社會，每個人的價值絕不只是在分數排名上，分組機制的建立與團隊合作的過程，都是讓學生學習社會化的重要經驗，摸索人與自我、人與他人、人與社會之間微妙的互動與參與。

當正向溫暖的氛圍開始形成，藉由老師的鋪陳而略略觸動學生內心的當下，我會趕快大力推播，抬高團隊成軍的氣勢。選秀流程先由「球隊老闆」開始發動。通常會讓全班同學站起來，請「球隊老闆」身分之外的同學，都移動到教室後方或兩旁，而那些有「球隊老闆」身分的學生們，被老師用浮誇的姿態吆呼著：「哎喲！王老闆、李老闆、還有陳董娘，你們坐大位，都請坐、請坐！」刻意製造出反差，讓其他人局促的擠在一塊，或蹲或坐，只有老闆可以舒適的坐在分組大桌的椅子上，原先被認為是班上Ｄ咖的學業成就落後者，一下子被追捧成如「郭董」一般的大老闆。因為老師奮力扮演炒熱氣氛的主持人，學生們覺得新奇好玩，也跟著融入角色扮演的情境之中。

接著邀請教室後方的「明星球員」起立，進入第一輪的選秀名單，提醒「球隊老闆」們以挖掘優秀的合作對象為前提，並設下優先選擇者的規則：前幾位老闆雖然擁有選秀優先權，但必須先行選擇異性球員（這裡端看異性球員的比例來彈性調整，例如：如果六位老闆都是男孩，而明星球員有三男三女，則請第一位和第二位老闆，只能在六位明星球員中優先選擇異性，第三位之後，可以選擇同性，但第二輪則必須邀請異性同學入隊），如此可平衡組內成員的性別組成。在此特別提醒在現今性別平權意識進步之下，每個團隊都應該有各種不同特質的成員，以確保團隊未來有更多機會，從多元立場和觀點角度思考問題，形成共識與決議。

於是，被選入的「明星球員」進組坐在「球隊老闆」旁邊。「球隊老闆」們承擔組隊的重責大任，幾乎大多都可以收斂起嘻嘻哈哈的態度，認真思量、嚴肅以對。這群平常學習態度相對較為浮躁的學生，這次因為是主動邀請「明星球員」合作，無形中產生了必須當責的「責任感」，對團隊協作有莫大的好處，因為平常會吵會鬧影響課堂的，有不少便是這群學習動機相對低落的學生。而「明星球員」多是班上學習成就較高的A咖，在一般狀態下，他們處理自己的作業功課，可以說遊刃有餘，其中部分學生其實不願意與同學合作，更不用說要跟D咖共享學習成果。但是，在選秀過程，「明星球員」是被「球隊老闆」挖掘的賞識對象，在第一時間就受到欣賞與獲得邀約的感覺相當美好，等於是個人價值當眾獲得肯定，即使在他心裡對老闆可能抱持負面評價，但是因為受到看重而產生的「使命感」，讓「明星球員」對老闆的好感度激增，要在「異質性分組」中形成「強帶弱」效應，老師在這個環節的刻意營造必須更用心。由第一輪老闆所發動的選秀過程期間，老師不斷吆喊著「好眼光！」「哇！又被挖走一枚強棒了。」這些情境鋪陳，都會讓老闆更用心、球員更安心，讓組隊流程更加熱烈與順暢。

當每一組有兩位先行組員──「球隊老闆」和「明星球員」，「異質性分組」的組隊幾乎成功了大半。接下來第二輪選擇權，從老闆移轉到明星球員，由球員依據性別異質原則，開始邀請「教練」入隊。第一輪最後入隊的明星球員，心情應該不會太好，因為他算是被挑選下來的最後一人，而老闆也會覺得有點倒楣，只能跟剩下來的人勉強湊隊。為了轉移這樣的尷尬，老師馬上邀請最後成軍的這名球員與球隊老闆商量，以第一優先權選擇第二輪的「教練」入隊，我常在兩人悉心討論與眼神交流之間，看見原先的不快迅速消解，轉為彼此第一次合作的默契生成。在眾家教練入組之後，最後再由「牛棚選手」選擇想去的組別。如此，四人小組正式成軍！既能兼顧各組實力接近，有助於課堂競合機制操作，也因為每人對小組成員的邀集都各有貢獻，團隊中即使有平常少接觸合作的同學，但至少有一位以上合拍的夥伴在同組，可大幅降低新成軍的焦慮感。

王牌選手，我挺你！

然而不論是哪一種分組方式，對班上人緣不佳的邊緣分子或是特殊學生而言，都是煎熬。我通常不會讓他們直接進入選秀流程，避免落入不受歡迎的窘境。我會另採他法，協助他們減少焦慮來融入群體。任教過的班級，老師可以清楚知道需要特殊照顧的學生；剛接手的班級，則可以詢問班級導師，以利分組選秀前角色分配的準備。需要特意安排的學生，通常一個班級以一到兩名為原則，我稱之為「王牌選手」。

公布角色前，我會先行宣布有一或兩位王牌選手是重點投資對象，他們的表現將會得到特別加分，但是哪一隊能得到這枚王牌，就要看各隊成軍之後，王牌選手選擇加入哪一隊。於是，各隊四人小組就定位後，接下來就是王牌爭奪戰了。到此一階段通常會出現兩種狀況，第一種比較普遍，就是以團隊利益考量，聽到王牌的表現加倍送分，而答錯則不扣分時，每一隊的興致都很高昂。為了贏得王牌選手青睞，紛紛出聲爭取，王牌選手成為搶手貨。老師在此階段則不介入，把決定權完全交給王牌選手。可以想見，這些在自由分組狀況下，往往落單、乏人問津的學生，突然因為遊戲機制的變動，成為大家想要爭取入隊的夥伴。他們可能從來沒有如此受歡迎、被接納的經歷，害羞的神情下掩不住的開心歡悅，當他怯生生的指向邀約最熱情的那一組，或是有平常較信任、較友善的朋友那一組，小聲說道：「我……要去第X組。」該組歡聲雷動，我也立刻讓獲得王牌的組別在記分板上增加五分。

在不同的班級上演過的王牌爭奪戰，這一幕往往是我最感動的課堂風景。

資源班的學生小謙個頭瘦小、學習弱勢。在王牌選手分組機制還未實施之前，我幾乎沒有聽過他說話。他很少繳交作業，總是眼神空泛的坐著，存在感極其稀薄。在我首次運用「大聯盟球團選秀分組法」來操作異質性分組，王牌選手小謙正在決定要加入哪一組，我聽到整個班級大聲吆喊：「小謙，來我們這裡！小謙，不要忘記是誰幫你跑合作社……小謙，昨天我便當裡的雞腿你有吃到喔……小謙，來……」

小謙微微偏著頭，彷彿受寵若驚，眼神盡是羞意，總是緊閉的嘴唇微微開啟，綻放出我一輩子都忘不了的微笑，瘦小的身軀籠罩著光彩。我緩緩問他：「小謙，你要去哪一組？」大家都在等答案。他悄悄指向教室後方的第六組，該組爆出如雷的掌聲與歡呼，而我在心底握拳輕呼：「Yes!」這一幕，總是在我的回憶中不停上演。

在一次漫畫課程中，我意外發現他的觀察模仿力極佳，不易掌握的人物側臉，他可以精準的一筆勾畫完成。對他的專注和表現，我大聲讚美，雖然小謙的笑容依舊靦腆，但是，他的臉龐愈來愈開朗，作業繳交狀況也愈來愈進步。第二學期，他不再是需要特別照顧的「王牌選手」，可以自在的在團隊扮演自己的角色，展現自己的特質。

第二種狀況，就不是那麼順利了。小柏在七年級時就被任命為王牌，因為加倍給分機制，他很樂於主動回答問題，積極參與課堂上各種學習活動，幫助團隊得分，所屬團隊也對他抱持欣賞與支持的態度。但是，漸漸的，他出席狀況愈來愈不穩定，加上他動作粗魯甚至動輒口出惡言，也愈來愈不受班上同學歡迎。到了八年級的王牌爭奪戰時，我發現沒有一組想爭取他加入，即使我已經說明，只要小柏和大家一樣準時到視藝教室上課，老師就會先給該組加分，依然沒有人願意邀請他。我問小柏：「老師覺得你的表現很不錯，也很開心你願意支持老師的投資，這學期你想要去哪一組駐點？」小柏有氣無力的聳聳肩，漫不經心的回答：「隨便。」我感受到，在這些日子以來小柏的周遭環境，包含家庭與學校生活，必定出現相當大的變化，使他的心靈日益封閉。我可能再也看不到那個在課堂上踴躍舉手回答問題的小柏了。

大家都不出聲，小柏也不願意說話，對分組過程來說，這是最棘手的狀況，氣氛膠著凝滯，老師必須當下介入決定小柏的去向。我看著協助老師收發作業登記分數的小老師，馬上宣布：「好，如果小柏沒有意見，代表他很信任老師，那肥水不落外人田，我當然要把分數灌給我的好麻吉，我的小老師那組！小蓁，沒有問題吧？」我用眼神向小蓁示意，小蓁會意的點點頭。「太好了，那我就把小柏派去小蓁那組囉。第四組，獲得紅利五分！」

我一向都把小老師、小組長、班級幹部，這些願意積極為班上服務的學生當成奧援，託付信任與責任，他們都會很樂意幫助同學。我等於是把王牌小柏託付給小蓁，央請她協助老師解決難題。小蓁身為這門課的小老師，自我期許更高，因為能夠獲得老師的重視與信任，對學生來說是自我價值感的重要證明。

小柏見到有組別願意接納他，而他的入組又馬上為團隊帶來利基，本來緊閉的嘴唇與心房，漸漸也鬆開了。下課後，小蓁幫我整理學習單，協助把黑板上的各組加分謄寫到計分表上，我乘機詢問小蓁了解狀況。

「小蓁，謝謝妳剛剛願意接納小柏。我觀察到同學們都不想跟小柏同組，妳為什麼願意接受老師的要求，答應讓他去你們那組？」

「大家真的都不喜歡小柏。但是我想，如果連我都不幫他，還有誰可以幫他？」

「太好了，小蓁，妳真的很善良。我很好奇，小柏他怎麼了，為什麼大家都不邀他加入？」我肯定小蓁的表現，也好奇小柏在同學間的評價。

「他常常沒到校，或是中午才來。然後每一節課都在睡覺，叫他起來他還會不高興，老師們都放棄了。他也都不繳作業，連累我們一起被罵！」

與我的觀察接近，顯然小柏已經進入學校重點輔導名單。我心疼這名學生，儘管是一週只見一次面的任課老師，我選擇在課堂上找機會支持他。

「小蓁，謝謝妳告訴我小柏的狀況。之後，我不會因為小柏個人的問題來責備你們，而且我會因為他在課堂的出席和參與，特別幫你們那組加分。但是，希望妳可以答應老師，就像今天一樣盡可能默默協助他。如果他願意參與小組活動，我們鼓勵他，如果他不願意融入，也給他多一點寬容。」

後來小蓁確實總是默默在團隊中幫助小柏，告訴遲到的他，現在學習單要看哪裡，協助他收拾亂七八糟的講義夾。但是，結局未必美好，小柏並沒有因此振奮精神，改變學習態度。他還是常常一到座位就趴下來睡覺，完全沒有接收到我的話語。我沒有勉強他，輕喚著趴睡的他，他沒有抬頭回應，我便走開。他偶爾願意參與，同學會幫忙，老師會看顧。上了三年級之後，小柏就很少到班了。我手上大部分的王牌選手，多數都可以在紅利機制之下，成為團隊可靠的成員，甚至除役回歸正常角色，發揮自己的特質與價值。但是，仍然有像小柏的存在，即使特別留心呵護，依舊難以軟化他僵硬的心。身為老師，我還是會在乎學生的表現，但同時我選擇接納自己的局限，用藝術課堂看見與支持更多學生的價值。

另一個例子是轉學生大呂，他身材壯碩卻帶有一點傻氣。可能因為家庭環境有變化，或是本身學習動機低落，甚至在前一所學校有適應困難的狀況，九年級才轉學過來。我第一次見到他，眼神淨是無力空洞，不發一語。剛開始他多數時間都是靠在窗邊閉眼不參與。大呂自然是「王牌選手」，我向全班說，新同學剛進入課堂，必定直接收編成「王牌」，他的存在就代表老師的投資，請大家珍惜並盡力協助新同學融入課堂，老師的加分不會吝惜。

大呂有一搭沒一搭的上課，雖然大多時間他都是恍神狀態，但是他幾乎每次都到班，雖然還是坐著閉目、低度參與。同學們說他在其他課堂幾乎都是直接趴睡，在視藝課至少是坐立著。我想，也許是因為我都以笑容面對他，也不找他麻煩；又或者學思達課堂內容總是變化多端：一會兒看影片寫答案，一會兒兩兩討論核對想法，一會兒小組討論寫白板站起來發表，這種方式實在也很難讓人好好睡覺吧。我觀察大呂，他偶爾會張開眼睛看看同組同學在說什麼、玩什麼、笑什麼。我並不急切，當他在課堂有一點參與動作時，我立刻把握機會在組內進行正增強，以撲克牌加分肯定他的投入，讓他在組內依然有持續的貢獻度。

轉機是一次戶外速寫課程。同學們帶著畫紙到校園進行植物寫生，大呂晃晃悠悠的跟著大家，站在花台前對著一叢綠色植物發呆，我走過去，鼓勵他看著葉脈畫下第一筆。反正老師都已經站到身邊了躲不掉，他也許沒想太多，就動手畫，這筆觸一勾而就、簡潔有力，我讚美道：「哇！好棒的線條啊，很有力耶。繼續看著葉子邊緣試試！」我先接過他的簽字筆，把葉子的下緣勾了出來，再微笑的把筆還他。大呂開始有點認真了，屏氣凝神勾畫著葉子的上緣，我們合作的一片葉子就在白紙上浮現出來。我看到他似乎有點觸動，因為那片葉子真的畫得很不賴啊。「好喔，太棒了，繼續加油。老師等一下再回來看你其他的葉子喔。」在正向的鼓勵與期待之下，大呂完成了一幅植物速寫，也是開學以來我收到他的第一件作品。慢慢的，我發現他的課堂活動參與度增加了，在團隊中可以更融洽的一起討論與工作。

令我印象深刻的是在九年級下學期的會考之前。我依然堅持繼續正常上課，雖然距離會考不到一個月，同學們也還是認真參與課堂進行與作品製作。記得當時正在進行「如果畫家有臉書」——藝術家的臉書動態頁面設計，每組研究一位中外著名藝術家，從傳記文字了解藝術家的生平、事蹟、重要作品、重要藝術成就，整理出師長、同輩、學生、贊助者、情人、朋友等人際關係的資訊，了解藝術家的個性、價值觀與關懷面向等。每組得團隊協作，將研究成果呈現在一張四開的臉書頁面上。作業事項繁多，成員必須分配工作，有人負責整理資料、決定臉書發文、標示朋友圈、發想廣告內容，也要有人得手繪出所有頭貼和圖像。然而九年級下學期的學校生活最難以預期，即使學生們和我有心上課，每節課的到班人數總是不定。

有一天，九年級某班小老師跑來跟我說：「老師老師，今天班上只有十二個人會來上課。」一問之下，原因不外乎任務公假或是生病請假。不過，學思達課堂並不害怕這種狀況，不管有多少學生到班，都可以正常上課。然後，我看到大呂拎著大包小包的畫具進來教室，原來大呂的小組僅剩「王牌」一人，組員請他把所有進行中的作品帶到教室，還特別交代他這節課要用色筆描邊框。我把另外一組也只剩一人的「老闆」調過來跟大呂一起工作。看到兩人一起努力拿筆描邊著色，我好感動，並給大呂許多讚賞和分數！下課時，為團隊賺了很多分的大呂開心的說：「我要回去告訴他們，雖然大家都沒來，恁爸一個人也賺分讓大家得第一！」

大呂興高采烈的神情，我也是一輩子都忘不掉。這些「王牌選手」的改變，眼神從空泛到閃亮，總讓身為老師的我在課堂上更堅定努力支持學生的信念，拆解課程搭建鷹架，一步一步引導前進，即使只是創造微小的成功經驗，都有可能讓習得無助的學生打起精神為自己而努力。

藝術職涯分組法

「大聯盟球團選秀分組法」讓不同能力的學生有機會一同學習。由於有各種角色稱謂（球隊老闆、明星球員、教練、牛棚選手），老師進行課堂活動時，用抽籤選定角色來驅動小組發表的進行，又因為團分制度，發表者的表現等同全組的表現，肩負為團隊爭取榮譽的責任，主動學習的意願提振不少，而組內互助的氛圍也容易營造，加上老師隨時巡遊各組予以正向回饋，讚賞互助行為，肯定「人人有事做、相互有幫忙、個個有表現、人人有貢獻」之合作共好的態度，課堂的學習氛圍跟從前大相逕庭、煥然一新。

我漸漸發現藝術課堂與一般學科有不同的特性，應該可以把「大聯盟球團選秀分組法」做更合適的調整，特別是藝能科表現亮眼的學生並不一定與一般學科的學業成績有正相關。例如：賦予愛畫畫、繪圖能力強的學生「明星球員」的角色，期待在團隊中能發揮「強帶弱」效應，他們卻未必善於溝通與領導，甚至可能沉默寡言、不擅與人互動。

但是，藝術的世界本來就具有包容性，每種特質的學生都有可以找到自己定位的空間，於是我思索著把藝術職涯的工作角色帶入分組機制，幾經調整成為「藝術大聯盟分組法」：收藏家、藝術家、策展人（或經紀人），以及美術館長。

成就藝術的歷程從來不僅是藝術家「創作」出藝術作品而已。藝術作品受人賞識，可以公開「展覽」，觀賞者來到作品面前悉心「欣賞」，產生共鳴，最後愛好者願意出價購買、「收藏」，或是成為美術館、博物館等公共展館的典藏品。

音樂更是需要透過「演奏家」的現場演出或是錄音錄像，才能把「作曲家」嘔心瀝血創作出的美妙作品，播送到「聽眾」這端為人聆賞。

藝術課堂上，未來能夠成為「藝術家」，以藝術創作為謀生專業的學生可說是鳳毛麟角，更多學生將會是藝術的「欣賞者」與「消費者」。欣賞者無須擁有藝術創作的天賦技能，卻可以就自身的生命歷程與內在感知，與藝術作品共鳴或對話，藉由辨識與領會藝術品呈現的具象內容或抽象意涵，應對自己的關注點，以不同視角與新的覺察發現不一樣的觀點，而能對自己的境況有新的體悟與收穫。當我們培養更多有藝術素養底蘊，足以投入藝術欣賞的觀眾群時，就有機會產生更多有經濟能力、願意消費作品的「收藏家」，支持藝術家的現實生活與創作條件。

「藝術家」與「收藏家」兩方之間的溝通橋梁，以往是「藝術經紀人」，或是「畫廊經銷商」。經紀人在各種藝術展覽活動出沒，提拔即將嶄露頭角的新銳藝術家，或是挖掘藝術古畫舊作並賦予新的價值。他們為買家推薦藝術家與藝術作品，為賣家尋找適合的買主。「經紀人」是品味絕倫的藝術鑑賞者，也是眼光獨到的藝術投資者。

「藝術經紀人」的好例子是西奧．梵谷（Theodorus van Gogh，一八五七－一八九一）。西奧．梵谷就是我們熟知的後期印象派畫家文生．梵谷的親弟弟。在台灣梵谷大概如文藝復興時天才大師達文西一般崇高，是最為人所熟悉的偉大藝術家。每次提到梵谷，所有學生都欣然表示聽過這位藝術家，對藝術更感興趣的學生甚至說得出梵谷就是那個飽受精神疾病折磨，割下自己耳朵，畫出《向日葵》和《星夜》，超愛創作「自畫像」的瘋狂藝術家。

文生．梵谷一生因為個性乖戾，窮途潦倒，生活無以為繼，只能靠弟弟西奧接濟與支持，而西奧即是成功的畫商經紀人。梵谷家族本來就是當時著名的畫商家族，幾位叔叔都是藝廊老闆，經營「古皮爾藝廊」（Goupil & Cie），分店遍布歐陸幾座重要城市。文生也曾經派駐過荷蘭海牙和英國倫敦，但是缺乏弟弟西奧的經營手腕與好人緣，最後放棄畫商職涯。

西奧極為欣賞哥哥的藝術才華，除了經濟上全力支持籍籍無名的文生，甚至透過關係與金援滿足文生的期待，邀請畫家高更前往普羅旺斯，與文生同住「黃屋」一起作畫。雖然西奧在哥哥文生自殺之後沒多久也過世，但卻影響遺孀喬安娜著手整理文生的書信與畫作。也就是說，如果沒有西奧和喬安娜的賞識與推廣，舉辦大型回顧展覽，那生前只賣出寥寥可數幾幅畫的梵谷，或許其藝術光輝將淹沒於歷史長河。

在資訊流通還很封閉的年代，藝術家是否有機會發光發熱，「藝術經紀人」扮演很重要的角色。

二十世紀以來，藝術作品的功能已走出宣傳、記錄與裝飾的範疇，更展現藝術家以創作回應社會議題與生命關懷，運用媒材也不再局限於傳統類別，擴及現成物、機械裝置、數位科技、聲光影像、媒體網絡、互動體驗等等。表現面貌求新求變，探討議題、引動思辨。當藝術作品的最終歸屬不再是收藏家的典藏室時，現今的藝術市場便出現有別於傳統「藝術經紀人」的重要角色——「策展人」（curator）。

「策展人」原先是於美術館、博物館的「策展研究員」，藝術展館需要於展廳空間陳列藝術作品，安排觀看動線，引導觀眾進行藝術欣賞活動。因此研究員對館內典藏品進行研究，整理與編排出有系統的研究論述，形成展覽的主題架構。現在的藝術展覽，已打破累積和傳播知識文化的功能，而有更多社會議題的關注與建構，過去串起「藝術家」和「收藏家」、負責募款宣傳與人脈經營的經紀人之外，出現一群轉向負擔更多學術研究與藝術評論、發展主題理念，考量展示方法與觀眾體驗、教育導向與互動參與，並依此選件與採集，邀約藝術家與合作單位，在藝術領域中新崛起的重要專業人士：獨立「策展人」或「策展團隊」。

「策展人」如同「收藏家」，並不必然需要擁有藝術媒材的創作能力，卻必須具有溝通敏銳度、論述邏輯性和整合執行力。策展人在從事這個行業之前，也許擁有其他的專業，譬如可能是作家、記者、設計師、建築師、紀錄片導演……往往可以運用個人的學養經歷和人格特質，為展覽提供更多不同的視角與可能性。而策展人「curator」這個英文字，詞源「curating」是來自拉丁文的動詞「curare」（照顧）。善於照顧藝術行業間的各種角色，正是策展人的重要工作。

藝術產業的重要職涯角色，還有一批支持這個行業得以順暢運作的「藝術行政」工作者。舉凡美術館、博物館、畫廊、藝術基金會、藝術拍賣公司、策展布展公司、表演廳院、舞團、劇團等等，都需要藝術行政人員來支援日常運作與展演活動的執行。藝術行政工作並不單純只是日常行政庶務，還包含與各方面藝術工作者及協力廠商之聯繫與溝通，倘若經費與編制等現實條件不佳，藝術行政者也必須擅長企劃與活動執行，工作項目包含：組織策略管理、財務管理、智慧財產權管理、行銷宣傳、教育推廣等等，除了對藝術工作內容的熱情和喜愛，同時需要具備良好的人際溝通表達力。

「美術館長」是藝術行政端的頂尖人士，我們以知名的法國羅浮宮前館長亨利・羅荷特（Henri Loyrette）為例，他擔任羅浮宮館長長達十三年（二〇〇一—二〇一三），之前也擔任過重要的印象派畫作藝術重鎮奧塞美術館館長。羅荷特具有開放思維，為這座歷史悠久、從一七九三年以來對公眾開放的國際級博物館，展開一連串的創舉和革新，擦亮了羅浮宮的招牌，扭轉原先古老守舊、難以親近的形象，讓羅浮宮的參觀人次大幅成長，在國際知名的藝術展館之間，保持領先地位。

羅荷特以企業化經營思維管理羅浮宮，讓原本仰賴政府補助的羅浮宮，能不斷開拓新財源，例如出借羅浮宮給電影團隊，拍攝由暢銷小說改編的電影《達文西密碼》，不僅收入天價般的場地費用，更延續電影上映風潮，參觀人數再攀高峰，其中年輕觀眾占了四成，完全顛覆博物館之傳統印象，成為博物館營運的典範。

在把藝術職涯角色帶入課堂機制之際，引導學生認識這些角色的工作與特質，是經營課堂相當重要的工作。特別是學生除了從課本中認識的藝術家之外，對藝術產業的其他工作內容普遍都很陌生。充分了解藝術產業的各種角色，即使學生不擅於藝術媒材創作，也可以對應自己的強項與興趣，從事相關的藝術學習，找到可發揮的舞台與價值。

「收藏家」類同「球隊老闆」，可以鼓勵既不擅長創作，也不善於溝通、表達的學生磨練鑑賞能力，默默用行動關注與支持藝術產業的發展，成為團隊堅強的後盾。

「藝術家」是藝術產業的主角，類同「明星球員」。擁有媒材運用能力，站在第一線盡力發揮自己的創作能量，也要全力協助團隊成員，理解目前課堂要求與學習方向。

「策展人」或是「經紀人」如同大聯盟裡的「教練」，頭腦靈活，統御全局，帶領討論，整合共識。特別是在小組討論、團隊共創的環節，協調每個人的工作，形成團隊的成果產出。

「策展人」和「藝術家」這兩個角色，可以根據成員特質的組成形成補位效應。已經九十一歲的日本藝術家草間彌生（一九二九－迄今），因為患有精神官能症，日常生活是在療養院與創作工作室之間活動。從二〇一八年的紀錄片《草間∞彌生》可以看見，她的創作能量依然相當旺盛，不斷產出數量龐大且尺幅驚人、令人震撼的系列作品，是目前身價最高的在世女性藝術家。但是草間彌生相當倚賴多位助理與各界人士的協助。她雖然個性乖戾、不善言語表達，卻可以將自己的獨特觀點以各種形式的藝術創作（繪畫、雕塑、裝置藝術、影像短片等）和文字（小說、散文）呈現出來。

擁有創作天賦卻不擅言語表達的學生時有所見，甚至有的學生還是屬於某種面向的高功能障礙。藝術課堂的學習活動，我們既希望這樣的學生可以盡情投入表現自我天賦，也希望在小組合作的學習歷程，即使個性偏向內斂沉默的「藝術家」，依然可以自在的展現才華，為團隊添增亮點與美好。這時，「策展人」和「美術館長」願意提供支持、協助發聲是必要的。

另一方面，擁有藝術才能的學生總是少數，在團隊中擔任「藝術家」角色的組員未必都具有優異的創作能力。倘若「藝術家」與「策展人」充分配合，即使展現成果時視覺圖像效果較弱，也可以用文字說明創作理念，加強想法的呈現。老師應該以開放多元的心態，看待不同特質學生的表現，讓學習成果的評判標準更有彈性，促使每一位努力學習的學生都得到高度的認同與肯定。

屬於藝術行政環節的「美術館長」，在藝術課堂的角色設定，可能會偏向學習成就中等的學生。他們各方面表現持平，繪畫能力差強人意，也不見得願意在小組合作中主動發言，雖然平常上課態度認真，但是存在感較薄弱，容易在課堂活動中被師長忽略。派任他們為擁有社會地位聲名的「美術館長」，正可提振這群中等學生的自我價值感。

「美術館長」通常負責行政事宜，可以將資料整理、想法整合、文字發表、收發作業、檢查細項等工作託付給他們。倘若組別中的A咖「藝術家」和B咖「策展人」都屬於中等資質，老師也可以藉由獎勵來增強「美術館長」的參與度，鼓舞其積極加入發想討論的行列，以發揮「三個臭皮匠」效應。

自己的角色自己決定

在藝術課堂採用「異質性分組」，是本於現今的藝術教育往核心素養前進，所重視的不再是媒材和技法的訓練，而是人人都可以將美感帶入生活的各個層面並加以應用，也可以運用各種藝術符號表徵，傳達自己內心難以言喻的情感與觀點。

當藝術老師不再把培養出藝術創作者當作教職的最高目標，才能鬆開自己刻苦學藝歷程所帶來的固著觀點，看看我們能為課堂上大部分未來不會以藝術為謀生專業，卻可以將藝術素養融入生活感知與思考的學生們做些什麼。

「藝術大聯盟分組法」的角色設定，便是協助他們在團隊中發揮自己的特質，培養對藝術的喜好，將藝術性創意思考帶入日常工作。倘若對藝術領域有濃厚興趣，卻沒有足夠的專業技巧，也能知曉自主尋求學習管道，或是依照自己擅長能力，成為藝術產業的企劃人員、業務人員或是行政事務人員。因此，不同於一般學科普遍以學業成績設定大聯盟角色，在藝術課堂要如何讓學生覺察自己的性向特質，成為我對「異質性分組」角色的思考點。

我在初期進行「藝術大聯盟分組法」操作，多是在學期之初設計與實施「前測單元」，以期對學生能力有初步了解，再根據觀察結果為全班學生分配角色群組。遇到最大的問題是：難以給予適合的角色。

在對學生僅有模糊了解之下倉促指定角色，往往會有很多擔憂：是否誤判、是否合宜、是否不被學生接受。特別是身為專任科任老師，往往得面對十多個班級的學生，想要在學期之初順利進行分組，老師得在短短一、兩週內批閱完所有前測作業，立下判斷分配角色。如果遇到學生特質不明，也許每一項都很好，或是沒有可以勝任的角色，就萬分為難了。

每次當揭示學生的角色當下，自然是幾家歡樂幾家愁，歡呼與怨嘆聲此起彼落。期待落空的學生一臉不悅都寫在臉上，對之後選秀流程的參與程度確實有所影響。

因此，我決定把角色的選擇權交給學生自己決定，既可以充分尊重學生的志願，也可以減少老師指派角色時左右為難的心理負擔。要把決定權交給學生，又要確保他們不會亂填志願，反而增加老師判斷的難處，就必須讓他們明確知悉藝術職涯中各個角色的具體工作與適合擔當的人格特質，擁有足以對應與判斷的資訊。

同時，我以小說《哈利波特：神祕的魔法石》為例，主角哈利波特進入霍格華茲魔法與巫術學校，接受「分類帽」判定每一名新生要進入哪一所學院的儀式，來跟學生說明清楚表達自己志願的重要性。

當小哈利一戴上分類帽，分類帽就萬分猶豫到底該把哈利分到哪裡？因為小哈利同時具有足夠的勇氣、善良的心地、洋溢的才華和急欲證明自己的渴望。哈利波特知道父母都出自「葛來分多學院」，而「史萊哲林學院」專出使壞的黑魔法師如佛地魔，因此哈利小小聲許願著：「不要史萊哲林……不要史萊哲林……」分類帽聽到了哈利的心願，雖然知道如果哈利去了「史萊哲林學院」，將會有一番了不起的成就，可以幫助他登上人生巔峰，但是最後睿智的分類帽決定尊重哈利的意願，讓他去「葛來分多學院」。

我告訴學生，老師分派角色的糾結心情就和「分類帽」一樣。也許你跟哈利波特一樣有許多很棒的特質，去哪個學院都可以，這時候就必須明確表達意向，老師如果也覺得很適合，就可以義無反顧地把你分派到你想要的角色。

靈活多元的分組機制

新學期適逢進入認識設計產業的課程，我把「藝術大聯盟」的職涯角色調整為廣告設計產業工作：「客戶總監」（AS）、「藝術指導」（AD）、「創意總監」（CD）和「文案指導」（CW）（如一六〇頁，圖三）。

自學素材則選擇「奧美廣告」為「全聯福利中心」進行廣告公關行銷的案例＊，介紹廣告設計產業的工作狀況，以及產業中各職稱所扮演的角色和工作性質。經過充分了解，每位學生對應自己的特質，填寫志願序並說明理由，同時請曾合作過的三位同學進

圖三：廣告設計產業中各角色彼此的合作關係

行勾選評估（如一六二頁，表一）。他們可以看見同學對自己的了解與建議，也增加老師可據以判斷的面向。

有四位學生都選擇「創意總監」為他們的第一志願，但是理由各不相同，卻都有對自身特質的理解：

小哲：「我的畫畫非常爛，口才也沒特好，不過鬼點子多。」

阿華：「因為我很喜歡想事情，也可以帶領討論。」

小雨：「因為我的口才比其他人還要好，而且能帶領團隊。」

阿方：「我覺得我能力夠，且想嘗試較『大』的工作。」

分組機制雖然因為多了一道讓學生選填的程序，而得花更多時間進行，但是藉由教師對課程的引導，學生得以認識設計產業的運作流程與各角色的工作內容，對團隊成軍後的小組合作有莫大的好處。學生們可以知道自己的價值在哪裡，為團隊努力的方向為何，小組的默契與合作氛圍因此更能升溫、加速建立。假設一班有二十四人，而每組有

＊三立新聞訪問奧美總監龔大中影片，揭開創意祕訣
https://reurl.cc/qmqzb0

四個角色，因此，應該會有六個客戶總監、六個藝術指導、六個創意總監，和六個文案指導。學生的志願與角色需求一定不可能完美搭配，這時勢必得參照第二或第三志願，這也是填寫四個志願的好處，可以供老師有更多角色指派的參考方向。大部分的學生都可以得到前二志願的角色，少數人有可能得落入第三志願。老師應盡量避免學生在填寫志願序之後，卻依然得到最不想要的角色。

在尊重學生的選擇之後，我發現這樣的「異質性分組」打破了原先以老師的認知為主而形成的「能力分組」。舉例來說，在老師的觀察下，或許有些學生的藝術才能並沒有很高，可是卻選擇了「藝術指導」（或「藝術家」）為第一志願，可以想見這個學生是

角色 及 特質	個人志願序 請填 1-2-3-4	請同桌三位同學評估 在最適合的身分框框打勾勾		
客戶總監 AS 精準傳達、力求表現				
創意總監 CD 想法創新、帶領討論				
藝術指導 AD 善用媒材、精於繪圖				
文案指導 CW 資訊搜索、文字表達				
我的理由：		（簽名A）	（簽名B）	（簽名C）

表一：藝術大聯盟之廣告公司選秀志願表

喜愛藝術的學生，只是在課堂有限的學習範圍裡，他的表現並不一定展現成熟亮眼，他或許僅是手繪能力不佳，卻十分擅長運用軟體處理影像合成。應該給予這些學生更多表現的機會，讓他們展現對藝術的愛好。

又或者繪圖能力極佳的學生，第一志願卻選擇了「創意總監」（或「策展人」），甚至是其他角色。學生填寫志願出現落差，有幾種可能性，老師可試圖了解背後真正的原因，並與其對話：

一、過去在組間負擔較多繪畫工作，現在想嘗試其他任務的學習面向——老師可以一方面肯定其過去表現，一方面讚賞其好學心，並期許他影響同儕。

二、覺得自己如果擔任其他角色，可以搶得更多分數——老師讚賞其為團隊爭取榮譽的好勝心，但協助他了解只有團隊每位成員都進步，發揮長項、協助夥伴，才是得勝達標的關鍵。

三、想偷懶，不想做麻煩費事的工作——老師先提出自己的觀察，肯定學生過去的表現與創作力，再進一步核對其課堂參與動機消退原因，才能給予即時的協助。往往，因為學生感受到老師的理解，也體察到老師的期待，對原先的任性決定，也會有所調整，甚至轉向積極。

具有多項特質的學生常常會是團隊內穩定的力量。他們同時具備創作、領導、表現的能力，除了可以幫助團隊整合意見，更可以成為該組可靠的小老師，協助負責其他角色的同學有更精采的表現。

至於老師眼中能力稍弱的學生，一般還是會選擇較不需要技術層面的「客戶總監」（或「收藏家」），倘若他們願意挑戰「創意總監」為第一志願，也不妨讓他們試試看，從帶領團隊討論中找到成就感。即使有任何一個角色顯得力不從心，老師也不用太過擔心，「異質性分組」的補位效應可以協助較弱的學生，在接受組員的支援之後，依然可以產出令團隊滿意的較佳成果。職涯角色選秀分組法根據課堂屬性或課程需求，可以有無限變化（如一六五頁，表二）。

打造善待歧見的課堂文化

沒有人可以十全十美，也沒有人可以自外於人類整體的「知識共同體」。智慧並非

大聯盟分組選秀角色與特質對照表					
領域 / 特質	學習弱勢	學習優勢	學習中上	學習次中	特殊個案
棒球大聯盟	球團老闆	明星球員	教練	牛棚選手	王牌選手
藝術大聯盟	收藏家	藝術家	策展人	美術館長	天才畫家
設計大聯盟	客戶總監	藝術指導	創意總監	文案指導	紅牌業務
工程大聯盟	業務長	設計師	工程師	工務長	紅利加碼
樂團大聯盟	慈善家	首席	指揮	團員	音樂天才
樂隊大聯盟	經紀人	主唱	吉他手	鼓手	天才作曲家
民俗大聯盟	爐主	乩童	桌頭	廟公	財神爺
武林大聯盟	盟主	大俠	掌門	少俠	高人
名模大聯盟	總監	超模	經紀人	造型師	金主
城堡大聯盟	城主	神射手	騎士	魔法師	隱士
全民大聯盟	公民頭家	總統	行政院長	立委	媒體
海洋大聯盟	船長	黑鮪魚	飛魚	沙丁魚	鯨魚
你的創意新版本					

表二：職涯角色選秀分組法的靈活運用設計

儲存在個人的腦袋裡，而是在人類的集體意識之中，是整個群體的產物，不是單一成員的功勞。兩位美國布朗大學認知科學教授所著《知識的假象》揭櫫在人類為求生存而努力的演化之路上，完全沒有要發展個體全知或是資優超凡的意圖，因為這不可能，也太累人。弱小的人類，腦記憶儲存量只有一GB，而得以成為萬物之靈的關鍵，就在於「群策群力」！

思考是集體行動，每個人並不需要知道世上的所有事情，而是共享「知識共同體」的智慧，進行「因果推論」做出決策，解決問題。因此，任何成就都不在特定一人，尊重他人、保持謙卑，是每個人均應自持的態度。

閱讀《知識的假象》所提到「知識共同體」的概念，深深有感於對教育現場的啟示：

一、教育不該只把知識一直塞給「個人」，人類的學習非常仰賴周遭世界，應該創造更多人與人的互動，來協助學生理解事物。
二、必須支持課堂多元論點的產生與組合，思考的面向愈多，學習與表現愈是精采。
三、鼓勵學生發揮個人長項，扮演最擅長的角色。發展與人合作的能力、同理心與傾聽的能力。不僅著重事實，更要促發思辨，促進更多人際溝通與意見交換的機會。

「知識共同體」的論點，支持運用「異質性分組」，如「拼圖法」的共學方式與補位效應，讓個人發揮所長，讓彼此在團隊中學習，培養溝通與協作的能力，讓課堂的分組學習，有如社會上各種產業團隊之工作型態。

聰明並不等於優異。《知識的假象》提到測量智力最佳的方法，其實是評估個人在群體中的貢獻！

在校園團體生活中，總是會有一些學生抗拒與人合作，吝於與人分享學習的成果，特別容易發生在程度超越同年齡同儕的學生身上。老師的應對姿態很重要，以正向態度理解學生不願與人同組合作背後真正的原因，傳遞團隊共創共好的觀念，用口語讚美與肢體語態，即時增強與支持團隊工作，幫助學生體會共善與共好。

當代知名哲學家哈佛大學教授邁可．桑德爾（Michael Sandel）在《正義：一場思辨之旅》探討通往正義的三條道路。第一條是功利或福祉的最大化，也就是謀求最多人的最大幸福；第二條是尊重自由選擇；第三條是培養美德和思辨共善。而他本人偏好第三條「思辨共善」之路。思辨總難免產生歧見，所以必須打造「善待歧見」的公共文化。

因為害怕各種紛擾場面而選擇放棄小組合作，以為完全的定靜才能保證專注，或是缺乏班級經營管理而過度自由放任，都不足以走向理想的課堂風景。要達到團隊共創必定產生歧見，絮叨吵雜、嫌隙摩擦都在所難免，但是正如桑德爾教授所說的，老師所要營造的是透過相互尊重的傾聽與對話，「善待歧見」的課堂文化。

我喜歡在演講中舉出我稱之為「賈伯斯——磨石機的啟示」＊這部影片，與所有教育夥伴共勉。這段影片出自蘋果創辦人賈伯斯於一九九五年的訪談，談到好的團隊是如何不斷摩擦，以致碰撞出最優產品。賈伯斯提到年輕的時候，想修剪草坪打工賺零用錢，就去找一位囟巴巴的八十歲獨居老人。老人帶他去車庫看一台有馬達、皮帶和研磨罐的磨石機，他們去院子撿拾很多有棱有角的石塊丟進磨石機中，老人加了溶劑與砂礫，並告訴他明天再來。當賈伯斯隔天到訪時，經歷一整晚運作，磨石機已經將石塊打磨成一顆顆圓潤又美麗的圓石。沒有經過整夜的相互碰撞，發出難以忍受的巨大噪音，就沒有眼前如此美麗的石頭。他語重心長地說，不論再怎麼厲害的團隊，唯有通過辯論、對抗、爭吵、合作、相互打磨，不斷磨礪彼此的想法，才能產出精采萬分的成果。

以團隊協作為主的課堂勢必經歷許多混亂與動盪。賈伯斯用磨石機的譬喻告訴大家，這不僅是必然，也應是必須。身為課堂引導者，看到學生因為互動而意見不合、鬧彆扭、吵架，即使是衝突一觸即發，也不必害怕，甚至應該欣喜。因為那正是學生們在相互打磨！

思考我們可以做些什麼，根據狀況去調整砂礫的比例、皮帶的鬆緊、馬達的強度、運作的時間……時時去汙、上油、保養並評估、更換機器的螺絲或零件、調整機器水平，思考放入石塊的大小與數量，種種考量都是為了讓原本棱棱角角的石塊，打磨成綻放光彩的美麗石頭。我們在課堂的一切調整與努力，也就是為了原本就有不同狀況、不同需求、不同學習頻率的學生，當他們彼此撞擊，讓教室如正在運作的磨石機一般發出震耳欲聾的不和諧噪音時，提醒自己調整教法、內容、進度、節奏，放入可以潤滑的有感素材，給一些停頓，給更多時間，期待他們因此打磨出令人驚嘆的美麗。其中或許正有曖曖內含光的寶玉或鑽石！

＊「賈伯斯說：好的團隊合作就是不斷摩擦、碰撞出A級產品」演講影片
https://reurl.cc/mqQ6QY

3-4 團隊協作，提升學習動機

要想透過相互尊重的傾聽與對話，建立善待歧見、謙卑共善的課堂文化，在目前有如「工廠裝配線」式的傳統課堂，以重視學業成績如同追求標準「良率」為優先的校園裡，相當不容易。這種大量標準化的工業化思維，早已不合時宜。此時的教學現場倘若依然以培養素質一致的國民為教育目標，試想，那些無法通過單一標準評量的學生，其天賦特質與價值勢必遭受犧牲，而這個國家創新求變的能量，也將大幅落後於二十一世紀的時代趨勢。

藝術教學以激發學生天賦潛能與自主學習、覺察自我感受狀態，並透過各種藝術形式得以表情達意、溝通分享為教育目標。運用前述「藝術大聯盟分組法」或分組法的各種應用，布置可供同儕分組合作的學習舞台，並用「團隊分組計分表」和「撲克牌加分法」（參見一七八頁）等可視化圖表和實體的正增強代幣制，建立讓學生易於察覺個人學習狀況的即時回饋，與充分給予修正調整的學習環境，學生可在老師或同儕的善意支持下，展現更佳的學習表現。

雙贏思維與長勺寓言

用運動產業或藝術、設計產業或其他團隊之情境角色分工，取得學生對團隊協作重要性的認同，是導入分組合作學習的第一步。不管是身處哪一個行業，都講求充實自我專業，善於與人協作溝通，秉持「利人利己」的心態，以創造工作與學習的最大價值。

這是史蒂芬．柯維在經典著作《與成功有約》所提及，邁向「高效能人士」的七個好習慣之中第四個習慣——「雙贏思維」：每個人都可以是贏家。要達到「利人利己」，得修練個人「品格」，建立互利「關係」，相互同理尋求雙方共同成長的「協議」。其中，需要的是「制度」的設計與「流程」的穩定運作。

「藝術大聯盟分組法」異質性分組的角色分工，與展現團體表現的「團分」計分方式，呼應了柯維所謂在良善「制度」的設計之下，有團隊成員一同前進創造共善共好的態度，即所具備的「品格」、「關係」與彼此的「協議」。於是，學習工作的進程，便在課堂上師生與學生彼此的默契之間，經由以學生為主角的課程設計之「流程」而展開。

屬於非制式考科的藝術課堂，相較於其他學科，更有條件來培養學生關於真誠正直、成熟與富足心態的「雙贏思維」品格（如表三）。在教學引導過程中，教師應悉心創造，讓學生因遵守對自己與對別人的承諾，而帶來團隊利益的機會。舉例來說：

一、個別組員因達成所分配之任務，獲得團體加分的實質回饋，可以讓個人因為做到自己所允諾的責任，而產生自我價值感與為團隊做出貢獻的使命感。

柯維的利人利己「雙贏思維」	課堂運作之對應
品格	主動積極、全力以赴
關係	相互協作、互助支持
協議	目標一致、共好共榮
制度	角色分工、團隊協作
流程	自學 - 提問 - 討論 - 表達 - 統整

表三：雙贏思維五大關鍵與課堂運作的對應關係

二、在小組討論中，教師預先擬訂討論分享的流程，讓團隊成員得以有所依循，在專注聆聽與回饋交流之間，進入成熟的表達與交流，逐步達成共識成果。

三、不輕易因個人表現採取團體扣分，反而盡量鼓勵每位成員提出創意想法，並疊加至團隊成果，讓成員可以看見團隊共創所帶來的豐盛。

課堂上，我常會使用國際公益團體「國際明愛會」（Caritas Internationalis）在二〇一四年的公益動畫短片「人類一家，人人共享」＊（One Human Family, Food for All），讓學生在期初進行分組活動之前，或是期末來進行整個學期對於團體協作狀況的反思檢討。影片內容是：在一個黑白世界裡，六個虛弱的人圍坐在一張小圓桌周圍，桌上擺著一碗熱湯，每個人都想喝到一口熱湯，偏偏深不見底的萬丈深淵隔絕他們與面前的湯碗。在懸崖邊的每個人手持一把長十幾尺的湯勺，拚命想要舀到一口湯來喝。但即使好

＊國際明愛會短片「人類一家，人人共享」
https://reurl.cc/MZo1gn

不容易舀到一口湯，卻因為勺子太長，也無法靠近自己的嘴巴。

勺子很長很重，六個人都疲憊不堪，有人開始惡意阻止別人舀湯，有人因此重心不穩差點墜入深淵。混亂中好不容易舀到的湯因為碰撞而潑灑到別人……於是有人憤怒之下出手打斷了別人的勺子，絕望與沮喪瀰漫在大家的周圍。

突然有一位女性決定把舀到的湯送到對面那位勺子被打斷的人面前，伸長的勺子因為承接著湯變得很重，女人就快撐不住了……其他人見狀紛紛用自己的長勺一起撐住女子的勺子，因勺子被打斷而絕望的人因此得以喝到了第一口熱湯，臉上開始慢慢恢復血色。大家終於明白，用長勺舀湯餵別人，所有人才都能喝到。世界因為溫度開始恢復色彩，不同人種的人們在無私的互助之下，共享那碗可以讓世界更美好的熱湯。

整部影片不過一分鐘，沒有任何台詞，運用背景音樂營造劇情氛圍，一開始沉滯低迷的樂聲拉開黑暗世界的絕望，隨著衝突的產生，器樂節奏和哀鳴般吟唱聲的加入，氣氛開始緊迫，直到正義之聲發起，吟唱聲漸漸高亢，黑白世界轉向彩色，合唱與節奏轉向歡愉，在人們彼此互助之下，成就共享共好的世界。

短片採用黏土動畫的形式，用黏土捏塑出六個不同性別、年齡、膚色的人物，也象徵著不分彼此的人類一家。大家圍坐一起共享資源，即使資源稀缺，倘若沒有互助合作，誰也無法生存下去，更別說是要讓世界更多采多姿、豐富美好。

由於沒有台詞，完全用視覺畫面與背景配樂來傳達訊息，不管哪個年齡層的學生都可以經由短片的欣賞啟動思考，並參與討論、交換意見。一分鐘的長度也可以在課堂上反覆播放，慢慢引導學生觀察細節，擷取訊息、發展解釋、形成見解，回到現實狀況加以後設思考，對團隊合作心態的打磨頗有助益。

觀看「人類一家，人人共享」後，學生們寫道：「一個組別就是要互相幫助，當你看到有需要就要立刻補上，而且不管是小團體還是大團體，都會有爭吵和意見不同，但總是要有一些磨合才會成長。」「人必須互助，爭執無助於解決問題，有時總有人需要當那『領頭羊』挺身而出。」並對自己在團隊中的表現有所體察與承諾：「下一步行動是協助同學和自己都變得很團結。我可以早點到教室，認真回答問題。」「我要想辦法剉掉一些『稜角』，改進態度和觀點，努力做到信任、互助、尊重、擔保、團結與同理。或許也該協助在團隊中排解一些爭端。」最開心看到的是學生們願意感謝團隊中的夥伴：「我要感謝我們的『藝術家』對這組貢獻很大，不管是作業還是回答問題，都很認真去做。」「我要感謝所有人，因為這是共同努力的結果。」

遇見像「人類一家，人人共享」這樣的學習素材，老師其實不用再老生常談、諄諄教誨團結的重要，經過簡單的提問與引導，我們期待學生理解觀念，便會經由學生自己的覺察自然而然「長」出來，也由於是自己反芻後的結論，便更容易刻劃在學生內心，成為願意主動實踐的召喚。

提升學習動機的遊戲化情境

對於許多教學者來說，向來不推崇以計分作為行為改變的啟動趨力。或許是因為倘若在課堂上過於強調加分，會擔心學生變得功利主義，如同著名的古典制約實驗「巴夫洛夫的狗」，一開始，牠聽到鈴聲就有食物，於是幾次之後聽到鈴聲，不管有沒有食物，狗狗便不由自主的流口水，完全不需動腦。學生的學習如果落入代幣制的操作制約，有加分才肯動作，沒加分便沒有動力學習，或是每次學習之前，都得詢問「有沒有加分？」「有沒有好處？」「獎品是什麼？」……讓獎勵成為依賴，這都是所有家長和老師最不樂見的結果。

但不諱言的是，加分獎勵確實是激發課堂參與的有效方法，我會用「遊戲化情境」的概念，來看待課堂上加分計分的這件事，目的是為了啟動學生參與課堂的動機與熱忱。常見的遊戲化核心元素，被稱為「PBL」：積分（Point）、徽章（Badag）以及排行榜（Leaderboards），許多遊戲化設計都認為，無聊的事物只要給點數，加上可升級換取的徽章，並提供比賽的排行榜，就會讓玩家從無聊變得有趣甚至興奮。試想，學校中不管是大考小考都有分數，成績的好壞也會影響在老師心中晉級的認可，是否有資格成為該科的「小老師」或「師傅」。即使是現在，教務處布告欄上也常見排行榜式的「第〇次定期考查表現優異學生」之名單，為什麼學生沒有因此在學習上展現無比的興奮感，爭先恐後地奮發向上？

世界級遊戲化理論大師周郁凱（Yu-kai Chou）在著作《遊戲化實戰全書》告訴我們，玩家並不只是因為PBL而感覺到好玩，而是因為遊戲具有挑戰性，可以讓他們發揮創意，進而克服難關，可以和朋友一起共度美好時光，讓玩家感覺自己變得愈來愈好。因此PBL只是外在動機，有分數與徽章的獎勵當然很好，但是因為活動本身的樂趣以及興奮感而積極投入的，則屬於內在動機。

周郁凱甚至認為，比起「遊戲化設計」更好的名詞是「人本設計」，以此相對於「功能取向設計」。所謂人本設計優化了系統中的人類動機，而非僅僅優化系統中的功能效率。遊戲產業，正可說是精通人本設計的產業。

好的遊戲設計師隨時會思考：「現在我想讓玩家有何種感受？覺得受激勵嗎？覺得自豪嗎？應該覺得害怕、緊張嗎？還是興奮？我想讓他們有什麼樣的經驗？」接下來才設想：「應該運用哪些遊戲元素和機制，才能為玩家帶來這些感受。」這也是「黃金圈理論」思維，先確認行動目標，才去考量如何達成，以及實際上應該要做出什麼。

因此，在運用「遊戲化」設計教學的課堂機制，除了積分操作與排行榜之外，更重要的是老師要如何優化自己的主持引導力，推動學習歷程的核心動力，將學習的外部動機轉向內部動機。教學現場常見的「撲克牌加分法」與「海螺計分表」，是我的藝術課堂實質可看到的加分與計分機制，屬於啟動學習意願的外部動機，並非只是為了吸引與討好學生。事實上，如何運用這些可視化的即時回饋，在課堂上幫助學生隨著教學步驟的推進，覺察自己的學習行動，順利投入學習情境，進而產生貢獻團隊之自我價值感的召喚與使命，才是所有課堂機制背後真正的目的。

即時回饋的「撲克牌加分法」

會使用撲克牌做為加分工具，純粹是因為容易取得與攜帶方便。撲克牌隨處可得，也不乏特殊式樣可符應課堂教學使用，像是印有名畫、樂器、音樂家、藝術家、電影、卡通動漫、文創設計、博物館、建築、古蹟、自然生態、感恩小語等等。因為我任教美術才藝班，每一屆畢業畫展幾乎都會製作相關周邊文創商品，其中的撲克牌便常常成為我課堂的必備教具。每張牌卡上印有畢業學長姊的創作，也可以增加學生欣賞優秀作品的機會。準備兩副在教室，上課時我會隨手抓一疊放在褲袋中，每當學生有值得被肯定的行為出現，即時以撲克牌加分，予以激勵與正向增強，往往可取得良好的學習成效。

我常用的使用時機舉例如下：

一、鼓勵課前準時到班

為了鼓勵學生提早到班，先到教室的三名學生可以獲取加分機會，幫團隊賺分，因此確實有學生會在上課鐘聲前，急忙跑來藝術教室，領取最先到的前三名加分，我會各發一張撲克牌代表為團隊加一分。對老師的好處是，在課間班級的轉換難免混亂，倘若上一個班級還在收拾教室，下一個班級已經到班，我只需要給先到者撲克牌就可以了，並不需要分神在各班計分表上手忙腳亂的註記。

一開始的操作是讓最先到教室的學生拿一分，但是隨著習慣的養成，在課前準時出現的學生已占大半，便可以改變獎勵策略，採取全員最快到齊的第一組給三張撲克牌代表加三分，第二組加兩分，第三組加一分。

之後便可以隨機替換兩種到班加分方式，有時是針對個人給加分卡，但是這張撲克牌，代表課程開始進入自學階段後獲得的「優先搶答權」，針對回答的質量，學生可以爭取一到三分。於是，上課不需等待全員到齊才開始，先來的學生可以先瀏覽桌上的學思達講義甚至開始進入作答，或是觀看投影布幕上的影片，隨即開始學習，而非跟老師大眼瞪小眼，或逕自與同學聊起天來。也因為先到者先進入學習情境，等同在老師正式開口之前，便開始預習、自學與思考，如此待到開始回答老師的提問，自然遠比晚來的同學要深刻多了，理直氣壯地達陣得分。

如果是運用全組搶先到班可獲得撲克牌，代表團隊爭取到了「回答優先權」，可在開始上課提問時推派代表，或是老師指定角色回答，而團隊成員提供協助支援。也是因為搶先投入學習情境，先到的組別贏在起跑點上，名正言順地獲分。撲克牌在此是獲得「搶答權」的證明，分數不是老師免費贈與，而是要靠團隊合作一起獲得。

總是有學生拖拖拉拉地晚進教室，若是有組別因為豬隊友總是晚到，也許會令其他成員心生怨懟。老師可以使用三個對策依狀況來應變：

①給予習慣晚到的組別「一次」特別的加分機會，約定下次只要在上課鐘響之前到齊，一律加五分，請他們把握機會，藉此激發全組的鬥志。

②倘若總是有一名組員慣於遲到，讓小組永遠無法拿分，老師可調整加分規則，改變為全組只要有三人到齊即可獲分或是獲得搶答權。

③如果只有少數人習慣晚到，而加分對策未必奏效，可於課後了解學生狀況，判斷是否調整這項準時到齊的加分機制，倒也不需執著於此項規定，可改為其他學習面向的增強方式，例如坐定之後即開始看講義的同學可獲得加分卡。

二、獎勵課間積極參與

①啟動自學思考

學生進入藝術教室即自動進入學習情境，這是我會努力營造的自學氛圍。撲克牌加分法可以幫助學生具體理解老師的要求與期待。起初，學生總是習慣等待老師的指令才動作，如果老師一直不下達指令，學生寧可放空呆坐著，或是蠢蠢欲動、左顧右看，開始與旁人竊竊私語，這是一般學生的通病，也是慣於集體規律化要求底下，聽從一個口令一個動作的習性使然。當完全給予學習自主權時，學生反而不知所措。

剛開始我會帶全班一起瀏覽講義和影片，讓他們知道課堂進行的節奏。每堂課，在學生進入教室之前，先把講義與影音設備布置好，當學生進入教室，便請他們開始閱讀桌上資料，並轉知之後陸續到來的組員。只要全組都坐定並開始進入自學狀態時，立刻給予撲克牌加分增強。漸漸地，學生便習慣一進入教室座位就根據投影片上的指令，分發講義與材料給同組成員，開始主動閱讀思考與答題。往往，只要全組都投入學習情境，我一律都會給分，同時大聲表明：「很好，不用老師開口，第○組同學全部都開始看講義並寫下問題答案囉，加三分！還沒進入狀況的同學加油，我看哪一組可以緊接著跟上，看完文章後回答到第二題。還不知道看哪裡的，趕快問一下隔壁同學！」在組內同學相互提醒之下，全班可以很快都進入自學狀況。

在學生自學瀏覽課本文字、影片、補充資料之際，我揣著一疊撲克牌在組間梭巡，當學生達成指定進度後，便會即時把撲克牌放在他的座位上，配合出聲讚美，針對他的作答給予回饋，也增加其他學生學習節奏的緊湊感與積極度，藉此知道其他同學的進度，並加快腳步跟上來。已完成進度的同學，可以繼續跟隨講義看下去，或是開始協助同組同學作答。

②鼓勵主動互助

我會特別鼓勵願意主動幫助同學的學生。由於採取「異質性分組」，同組必然有閱讀理解程度較弱的學生，也有繪圖能力不足的學生，甚至是因為注意力不集中，常常恍神不知課程進度的學生。幫助同學、共創共好這件事，早在團隊成軍之際，老師便應給予態度與觀念的增強，但是實際的推動不能只靠道德勸說，而是要落實在課堂日常。

課堂上，老師的雷達感應強度總是得調到最滿，隨時發掘願意協助同學一起前進的善行，給予鼓舞獎勵，哪怕只是回應同學課程進度、簡單指出現在課堂環節來到講義的哪一部分，或是分享媒材畫具、給予同學創作的好點子等等。每當發現組內的互助行為，我總不吝於大聲讚美：「太好了，我發現第○組的策展人在幫助同學喔！老師最欣賞這樣的行為了，自己做到也幫助全組做到，大家一起成長！老師太愛你了，我要幫這組加三分！」三張撲克牌砸在桌上的聲響，正代表著徽章碰撞的聲音，我看到學生們的眼神發亮，因為深深被老師的言語感染著，良善的行為因此固著了下來。

③共同解決問題

藝術課堂不像一般學科，學習素材往往不限於課本習作，尤其是視覺藝術課／美術課，不同單元會使用不同材料，光是媒材畫具的準備，便耗費老師極大的心神。專業畫紙顏料耗材，或是學生在一般文具店不易取得的特殊材料，老師往往可以在課前幫全部學生備妥，但是個人美術用品，例如剪刀、膠水、畫筆、調色盤、水桶、抹布、長尺、切割墊……等文具，在沒有經費支持之下，仍須不斷提醒學生一定要準備並記得帶到課堂使用。但是，漫不經心的學生總是不少，不帶用具便會直接影響課堂進行，對此，脾氣再好的老師，看到大半學生沒帶上課所需的用具，怒火不禁油然而生。

記得初任教時，總是為此難以控制脾氣，氣急敗壞大聲責問全班，為什麼會有那麼多人沒帶用具，學生們推託小老師沒提醒大家，當我轉頭看向小老師，小女生淚眼汪汪的說她寫在黑板上了，但是怎知幾天前被擦掉……加上全班鬧哄哄，我心中盤算今天要開天窗了怎麼辦？怎麼應變？腦門一熱，一巴掌拍向講桌，吼著「給我安靜！」並讓全班罰站大半節課，這堂課在氣氛凝滯下也不用上了。那時無力與挫敗的場景與情緒，至今仍常常在夢中時不時出現。

為避免這樣的難堪情境，許多藝術老師寧願努力爭取計畫經費，或是自掏腰包，幫學生備好一切用具，讓學生們兩手空空來上課就好，以求避免跟學生的健忘正面對決。音樂老師也準備好備用直笛和消毒酒精，學生如果沒帶自己的也能借用來上課。但是老師不可能總幫學生準備好一切，當他們沒帶用具、資料或作業時，我會改變思維，把它當作是一次學習解決問題的機會。給分機制在此可發揮巧妙的共創動力，讓團隊激發出解決方案。

就以攜帶用具這件事為例，我通常會讓小組於課前討論工作分配，每人負責準備一項，但是健忘總是常態，學生來到跟前坦承忘記時，切勿動氣直言質詢為什麼，反而應該詢問有否其他方案可以解決，從他們的回應中提供建議，讓危機變成轉機。

記得有次是色彩調色平塗練習，需要使用的壓克力顏料我已準備好，學生只需要攜帶自己的調色盤和畫筆。某班有組別忘記帶調色盤，組員過來想跟我借，我沒有拒絕，但是告知要用五張撲克牌來換，或者他們也可以想想其他辦法。學生一聽到得扣掉五張卡馬上面有難色，反應要回去和團隊商量，我也提示著這堂課的任務目標是讓顏色平塗均勻，使用壓克力顏料調色要盡量濃稠，因此只要有任何可以在上面調色的平面都可以採用，暗示他們可以到回收區看看是否有可以代替調色盤的東西……

很快的，我看到兩個學生跑到資源回收區邊翻找邊商量，等我再繞到這組時，學生們已剪開鋁箔利樂包攤平在調色了！我很驚訝他們的應變能力，笑著問道：「還需要跟老師借調色盤嗎？」他們異口同聲地搖頭說：「不用喔，這就很好用了。」我欣賞著學生們的創意，為此還幫他們加分，向全班公開表揚，並把握當下機會教育，藉此傳達老師在課堂上更重視的正是團隊願意共同解決問題的努力，與腦力激盪出的創意。

④賞識努力學習

老師的正向態度會深深影響學生的學習動能，只要一點讚賞，輔以即時回饋的加分動作，往往可以引動學生的心。以下的情境，常常在我的藝術課堂上演：

老師正在各組桌旁梭巡，指著一臉頑皮的「老闆」小傑的作品：「哇哇哇！這個好棒耶，加兩分！」小傑震了一下：「是噢？」全組好奇靠了過來。

老師：「對啊！點線面各種元素你都用上了耶，用對稱的構成原則，但是運用曲線區分塊面，又有黑白對比，平衡中有變化，很厲害耶。」

我看見小傑的嘴角鬆開而上揚了。

老師：「我覺得小傑你很有藝術天分，有沒有人說過？」

他用力搖搖頭。

老師：「真是的，他們都不懂！以我美術老師的專業告訴你，你很棒耶，只要在這裡把線條和邊邊都接好，就幾乎完美了！」

老闆小傑的眼神透亮起來，把撲克牌緊緊抓在手上。

這位平常上課總敷衍隨便的學生，或許在藝術課從來沒預期會受到高度肯定。學生要的並不只是隨口一句「嗯，很棒喔」，而是藝術老師的專業意見，及發自內心說出欣賞之處。也是因為老師的情真意切，學生感受到老師的認可與同學的尊敬，自我價值感提升了，學習意願也瞬間爆表，更能認真看待自己的努力，更願意接受老師的建議，努力「把線條和邊邊都接好」，繼續前行。

學生手上的撲克牌，並不僅止於分數而已，更是自己在課堂努力過的證明。

培養「當責」的課堂樣貌

學思達教學的「小組討論」和「小組表達」，得靠每個人都願意展現想法來啟動。團隊中，每個學生必定對學習素材有不同理解程度與應對做法上的落差，倘若老師的提問或任務過於封閉，僅有單一答案或是固定的評判標準，團隊合作的現實狀況便容易傾向由能力較佳的同學來主導一切，快速產出以單人見解為主的結論。

這些表現積極甚至姿態強勢的組員，經常又是比較在乎分數的學生，當他知道這個環節的分數是屬於「團分」計算時，會很強勢地主導小組工作，甚至因為不放心其他組員的產出，自己獨攬所有工作。其他組員看到有人主動包辦所有事，往往選擇袖手旁觀、樂得輕鬆，反正答案已然出現，能夠交差了事便罷，開始分心玩鬧起來。結果形成小組工作無法順暢進行，有人在旁打混摸魚，卻有人做得心神疲累。包辦一切的人，覺得自己單打獨鬥的成果被迫分享給豬隊友，結果心生怨懟，委屈不已；而打混的人也嫌他雞婆、臭臉難相處。團隊工作因此不和諧而產生嫌隙，此後的小組共創漸漸變成夢魘，成為老師難以處理的棘手問題。

這種狀況往往來自於只求總體績效，卻沒有良好任務分配與責任歸屬的團隊。在成人社會中人人各盡其責、各善其事，在個人能夠發揮的位置努力不懈，對於所分配的工作不只負責（responsible），還必須能夠「當責」（accountability）。但是許多學生在求學階段往往輕忽怠慢學習所帶來的後果，畢竟家長與老師總給予許多機會，也容許他們犯錯；即使因為長期消極面對，甚至落入「習得無助感」而放棄學習，學生們也不會立即感受到生存困乏的威脅。長此以往，個人平時處事態度即已慣於消極敷衍，到了需要團隊協作的場合，自然習於放空、安於無所作為。老師的教學日常得面對的困難，就是這樣一大批沒有學習動力的學生。

經營管理經典著作《當責》，從二〇〇九年起便暢銷全球。書裡提到團隊中的「被害者循環」，遭遇挫折時拒絕面對現實、漠視或逃避責任，反而為自己的困境怪罪他人：「那不是我的工作」、「一切都跟我無關」、「我無能為力」、「該有人告訴他」、「我們只能看著辦」、「告訴我該怎麼做」、「都是他的錯」、「〇〇又佔我便宜，我好委屈」……這也是教學場域裡常常聽到學生掛在嘴邊的藉口。

《當責》一書的英文原名為《奧茲法則》（*The Oz Principle*），引用《綠野仙蹤》的故事寓意：女孩桃樂絲要前往翡翠城找大法師奧茲（The Great Oz），請求大法師送她回堪薩斯的家，旅途中遇到希望擁有智慧（腦）的稻草人、渴望勇氣的膽小獅，以及追尋熱情（心）的錫樵夫。所謂「奧茲法則」便是所採取的「當責」步驟：正視現實、承擔責任、解決問題、著手完成。

我也希望成為《綠野仙蹤》的好巫師葛琳達，在旅程中扮演陪伴前行的導師，用藝術課堂幫助不同特質的學生，如同膽小獅一般找到「正視現實」勇氣，如同錫樵夫一般找到「承擔責任」的熱情，如同稻草人一般找到「解決問題」的智慧，以及最重要的，如同桃樂絲一般相信自己，發揮操之在我的精神，找到「著手完成」的力量。《綠野仙蹤》是一趟覺醒之旅，隨著旅程的開展，團隊成員相互偕行，正視現實、承擔責任、解決問題、著手完成。當來到奧茲大法師面前時，他們其實已在這一路的修練過程，覺察並獲致自己本身內在的力量。

老師做為旅程引路人，必須激發團隊協作的動能、營造討論共創的氛圍，幫助學生藉由「個個有事做」，進而發現「人人有價值」，這些都是在設計課程引導時很重要的基本前提。

《綠野仙蹤》中最後加入一行人的是膽小獅。膽小獅小心翼翼問大家：「你們認為大法師奧茲可以給我勇氣嗎？」稻草人、錫樵夫和桃樂絲都點頭表示相信奧茲的魔法，膽小獅說：「如果你們不介意的話，我要跟你們一道去。因為沒有一點勇氣，我簡直就要活不下去了。」

這就是團隊的力量。因為大夥有共同目標，前行的路儘管未知，相偕而行將帶給大家願意冒險的勇氣。

我盡所能讓小組工作的分量與發表機會平均分配在不同角色組員身上。搭建小組討論的清楚步驟，成為團隊共創的合作學習鷹架，讓每個人都有機會擔負不同工作，為團隊的成果展現做出自身的貢獻。

在小組發表時經常採用「角色指定」或「角色抽籤」兩種方式：

一、「角色指定」是依照目前的學習發表內容，以設計大聯盟為例，屬於創作性質的階段性成果呈現，便會邀請各組「藝術指導」起身或上台發表；需要針對小組共識或研究成果進行設計理念之發表，則邀請「客戶總監」代表團隊進行提案報告；需要在小白板上清楚書寫討論結果，則由「文案指導」代表。例如小組成軍之後的第一項任務——創作小組隊徽（如一九二頁，表四），可以藉由不同任務的挑戰與合作，培養團隊工作默契。如表四所示，為了創作各組隊徽，不同角色有其任務分配與檢核指標。如此，可以讓擔任不同角色、不同特質的學生，都有機會代表小組發言，為團隊爭取榮譽。

二、「角色抽籤」則是由老師或邀請同學隨機抽取「角色籤」，讓中籤角色之組員代表全組進行報告，其他成員則可從旁協助與支援。因為交付抽籤，到底最後是由誰代表發言無法預期，準備期間不由得任何組員敷衍馬虎。老師必須在抽籤之前給予充分時間，讓團隊一同協力共享智慧，而抽籤之後，也多多鼓勵成員互相支援與補充細節，讓中籤代表站起來發表的學生，不會因為無法回答而陷入孤立無援、進退兩難之窘境。

由於各種角色的學生都有機會成為團隊代表，小組互助共創的意願和默契就更容易營造出來。學習成就低落的學生有機會因為小組成員的協助，以及老師的正向回饋得到成功的參與經驗，一步步提升對藝術課堂的學習意願與成就。能力較優的學生協助弱勢的學生，小組成員間願意互助學習一同成長，這些都是課堂上最美好的風景。

個個有事做，人人有價值

一、讓每個人的意見被聽見

「個個有事做」是確保團隊能夠順暢合作的第一要件。

老師如果僅是交付任務，即使自認已給予充分討論與工作時間，便期待收穫學生順利共創的成果，這絕對是過度樂觀的想像。

缺少共同協作經驗的學生團隊需要老師協助來推進合作學習。要讓所有學生都不是課堂

成軍任務：小組隊徽

角色	客戶總監	藝術指導	創意總監	文案指導
任務	公開發表	手繪隊徽	創意隊名	白板書寫
檢核指標	音量清晰 內容吸引人	描邊上色 主題明確 細膩美觀	圖文結合 創意有趣	清楚書寫 簡潔有重點

表四：小組中不同角色的任務分配與得分標準

的客人，都能參與小組工作，必須讓每個學生都開始動腦思考並具體寫下來，讓全組的人都可以看到彼此的想法。我常採用的方式如下：

①講義

學思達講義負載著「教學形式」、「學習指引」、「自學資料」、「問題與任務設計」等環節，在每一個引動學生思考的提問設計之後，必須給予學生可具體寫下的「空白欄位」，甚至可以進一步要求目標字數，讓他們嘗試用文字闡述思考的歷程。不一定非得寫出很完整的答案，即使只有隻字片語都勝過一片空白。只要學生願意進入問題思考並在講義上試著寫出來，我都會用加分給予肯定，因為有撲克牌的正增強，為了讓團隊加分，學生都願意主動寫講義。寫下來的好處很多，第一，是讓學生真正有效進入學習情境，第二，也是在接下來進入小組討論時，因為有所本而足以言之有物，更能表達自己的意見，讓大家都看見。

②便利貼

將自己的所思所想記錄在便利貼上，有助於交換檢視彼此的答案。便利貼輕巧，可方便多次黏貼、取下、挪移的特性，對小組討論有相當大的助益。在老師的指示之下，根據提問，每個組員分別寫下自己的答案，貼在桌上或大海報上，大家一起瀏覽與討論，加以連結與配對、歸類與命名，發現其間的意義，找到創意，形成共識成果。

③小白板

運用A3尺寸的小白板，或是更大的白板紙，四人小組一起討論，在白板上即時記錄，字體更大、可隨時擦拭修改，已經成為課堂上進行分組合作與產出的重要教具。在異質性分組的團隊中，可以由「創意總監」主持發想會議，由「文案指導」負責在白板上執筆記錄，「藝術指導」加以版面編排，最後由「客戶總監」根據白板成果公開發表。另外，可以根據課程需求，進行兩人小組的討論分享活動，利用白板記錄對話歷程，激盪彼此想法，也可運用白板進行組間競賽的賓果遊戲、「Hit or Miss」、跑象限等等。即時可視化的白板教學活動可千變萬化，值得老師發揮創意好好利用。

④線上共編

二〇二〇年新冠肺炎防疫期間，「停課不停學」的超前部署，讓第一線老師們對線上教學的浪潮充分有感。隨著數位學習載具的普及、線上教學平台的建置、校園網路頻寬的擴充，線上教學確實也有許多便利的數位化工具，有助於團隊共創產出。例如：Google線上共編文件、共編簡報、「Jamboard」協作白板等，微軟也有像「Teams」這樣的協同合作線上課堂教學平台可以使用。倘若課堂內的學生可以人人手執一台平板載具，教學活動可以更多元、更直覺、更即時，且便於共同看見與進行回饋，小組的協作共創將有更多創意與無限可能。

二、讓每個人的價值被看見

「個個有價值」是我課堂上的絕對基本信念，這是一開始就需要讓學生都了解的。十二年國教藝術領綱的基本理念有一段話：「教師應鼓勵學生依據個人經驗及想像，發展其自主性的創造能量，學習溝通、表現、創作與發表，豐富其身心靈，涵養美感素養與宏觀視野，感受生活的幸福，並與他人共創美善的社會與文化。」藝術教育本來就相信每個學生都自帶資源，天生的家族基因，與後天的成長環境，均造就每個個體獨一無二的特質。

舉例來說，在學科領域學習速度較慢的學生，在繪畫表現上或許比別人更有耐性，可以仔細專注於細節的刻畫。平常在班上總是毛毛躁躁坐不住的學生，當需要他展現個人表演時，或許可以發揮流暢靈活的肢體律動，是個魅力四射的街舞高手！藝術教育就是為了讓學生的學習表現有更寬廣的可能性，值得被看見。

我也相信，藝術表現不該拘限於自我內在的感受覺察，還必須進而學習與刻意練習，有能力將自己的想法，藉由各種藝術類型的符號與形式，與他人進行溝通與分享，特別是選擇適合的藝術手法，傳達自己的情感與觀點。

芬蘭師資培育專家委員會的克絲蒂．隆卡（Kirsti Lonka）教授曾在接受《親子天下》雜誌專訪時說道，備受國際推崇的芬蘭教育一向重視、希望學生學會「團隊行動」（collaboration），而不只是「分工合作」（cooperation）。為了更精確了解這兩個英文字的差別，我查了劍橋英英字典的字義：

collaboration —— the situation of two or more people working together to create or achieve the same thing

cooperation —— the act of working together with someone or doing what they ask you

「團隊行動」（collaboration）是兩名以上的人為了創造或達成一致目標而一起工作；而「分工合作」（cooperation）指被分配或是被交代與某人一起工作罷了。兩個字的意義深度完全不一樣！

當我們只是交代學生應該怎麼做，學生總會機械式的根據老師的要求執行「What」，但是當學生知道與人合作的目標，也就是明白所作所為是為了達成「Why」，其間產生的意義與使命感將帶來自我價值的肯定。在教學過程中，明確說明「學習」這件事的意義與目標，以連結學生對自我價值實踐的高層次需求，身為老師，責無旁貸！

針對「異質性分組」的工作角色，將學習內容及步驟予以拆分，不同身分給予不同問題與任務，讓學生可以根據個別特質，依其對學習素材的理解與思考角度，為團隊提供自己的見解與貢獻，是我在藝術課堂常常採用的引導方式，而這正是藝術教學的獨特性。藝術的開放與多元，鼓勵學生打破標準化單向式思考框架，藉由各種視角、思維、想像、創意的加入，才足以在藝術課堂幫助我們的學生，培養藝術課程的素養目標：「感知覺察、審美思考與創意表現能力」。

傳統藝術教學重視媒材與技法，能公開展示與受表揚的往往是完成度與精緻度高的作品。被看見的價值向度相當單一，畫不像也畫不好的學生便認為自己沒有藝術天賦，從此避之唯恐不及。學生的「鬼畫符」其實或許是接近畢卡索極富表現性的天才之作呢！現在極度需求富有探究與創新精神的未來人才，需要藝術老師有意識的改變過去藝術教學的局限。

我會努力在課堂上創造機會，讓每位學生的作品都有機會被看見，即使作品內容並不完整，總會找到值得稱許的地方，給予學生正向回饋，並展示在全班面前。任何人面對每一個提問、每一項任務，雖然在當下總是得獨自面對，因為思考的運作永遠只發生在自己的大腦中。但是，如果可以創造多次檢核的機會，讓思考的歷程被看見，從而得到回饋與刺激，成果將會大幅度提升，成就感也可以即時獲得增強。

首先，根據學生先備能力，以及老師從經驗判斷他們學習所需時間，拆分課程環節、搭建鷹架，讓大部分學生可以一步一步有所依循。先達成每節課的階段性目標，取得小成功經驗，再繼續向前推進，這個歷程必須從簡到繁、從易到難。課堂時間總是有限，與其連續給他們二至四節課的自由時間來完成作品，不如把整體創作過程拆解為幾個部分。每一個部分設定歷程性的檢核指標，根據指標，將學生現階段所展現的作業，檢核分為+3、+2、+1，或+0的四個層級（即使學生沒有進度或過於草率面對，也盡量不給予負分）。

在實物投影機底下，一開始可先秀出+3群的作品，全班學生會看到這堂課的學習歷程中老師期待大家做到的是什麼樣的作品或答案；而接下來解釋+2群缺少了什麼，例如細緻的具體陳述，以至於差那麼一點點；最後點出+1群與+0群應該加油的不足之處。老師不需要執著於挑剔缺點，反而是盡量正面肯定學生做到的部分，並期許可再努力的方向。這些分數以歸入團分計算為原則，屬於團隊加分機制的一環，無關乎最終的個人分數。在這個過程特別強調團隊作戰，可以激發組員間互助的動力，為了看看夥伴展現的成果與所屬小組的加分情況，大家都專注看著一張張投影出的作品。老師抓住大家專注力之時，講解各種加分攻略，能獲得最好的教學效果。

在實物投影機之下秀出全班作業的操作過程，令我印象深刻的經驗是關於一個幾乎不說話的女孩。我不曾清楚聽見小茹說話，是因為她說話聲音真的好小，而且詞語零落，很難明白她想表達什麼，這是小茹的學習障礙，她索性也盡量不出聲。但是令我開心的是在小組夥伴的善意支持下，小茹已經可以代表她的組別，一個字一個字慢慢唸出白板上的文字。發表完成時，在我的正向欣賞之下，她也得到同學們如雷的掌聲。

記得是在一次關於「圖像思考」的課程，學生們先學習最簡單的「火柴人」表現，再進階到「矩形人」——人物姿態的練習。我給學生一些情境與角色命題，例如：講電話、讀書、網球選手、功夫大師等。大部分的學生都是在先前「火柴人大挑戰」練習基礎之上，拓展火柴人的細線，並增加道具與情境的細節。

一整疊作品藉由實物投影機展現給全班同學欣賞。當翻到一張作品時，我的眼睛亮了起來，特別激賞這個學生對於矩形人的表現，她展現了比同學還要高階的重點特徵表達——讀書的人那雙大而堅定的手拿著書、網球選手的表情與擊球瞬間的張力、功夫大師正在甩動雙節棍的動作姿態與視角……我真的很驚豔，立刻表達對這名學生在創意上的激賞！

原來這是小茹的作品！她雖然不常發聲表達，但是在這個單元，卻展現令我驚喜的創造力與表現性。倘若當時沒有創造讓每個學生都被看見的機會，我永遠不會有這樣深刻的體驗。

◎共鳴閱讀觀點

史蒂芬．柯維，《與成功有約：高效能人士的七個習慣》

（天下文化，二〇一七年五月，原書於一九八九年出版）

西恩．柯維，《7個習慣決定未來：柯維給年輕人的成長藍圖》

（天下文化，二〇一五年八月）

如果要舉出一本足以穿透時空考驗，展現亙古不變原則的經典，我認為柯維的《與成功有約》必定名列其中。二十五年前柯維即有真知灼見，整理出這七個習慣：

一、主動積極，二、以終為始，三、要事第一，四、雙贏思維，五、知彼解己，六、統合綜效，七、不斷更新。

這七個習慣是重要的處世原則，至今依然對世人有難以取代的啟示及影響力，不只局限於領導力、管理學或成功術。綜觀柯維之後，論及人生管理的各種學派與說法，幾乎都包含在七個習慣當中，例如：「黃金圈理論」與核心問題，包含於「主動積極」、「以終為始」、「要事第一」。思考人生重要願景，寫下個人的使命宣言，於當下專注與取捨，便是「以終為始」。

要利己利人走向「雙贏思維」、要用「知彼解己」尋求人際和諧，所以柯維呼籲重視「同理心的聆聽」及累積「情感帳戶」，也令我連結到薩提爾對話練習與FBI談判術所說的「積極傾聽」、「正向好奇」、「核對覆述」。

要尊重差異、截長補短、化解衝突，必須「統合綜效」前五個習慣，然後「不斷更新」自己在生理、靈性、心智與社會四大面向，從服務他人中獲得真正的快樂。

修訂版收錄柯維從《與成功有約》出版後到離開人世前最後的訪談，他提到今日世界必須發展出激發人類天賦潛能的第八個習慣：「發現內在的聲音」，來成為驅動其他習慣的力量。

這七加一的習慣，在AI浪潮襲來的今日，正是因為人類的「自我覺察」與「選擇自由」，體認到我們獨一無二的價值與潛能，使人類有機會不被AI所取代。在這條迎向新文明之路上，柯維的七加一個習慣，依然掌著開路明燈通向未來。

《與成功有約》之後，柯維的兒子西恩於一九九八年延伸寫成給年輕人的《與青春有約》，後來改版為《7個習慣決定未來》。來回反覆咀嚼多次，有共鳴的部分聚焦在幾點，是我想傳遞給學生的：

一、在自己的個人帳戶存款：對自己守信、在小事行善、開發天賦。

二、認識「影響圈」與「關注圈」：與其關注在自己無法控制的範圍，不如把心思放在自己可以控制的事情上。

三、撰寫可以啟發與激勵自己的「使命宣言」。

四、認識「時間象限」：必須學習對「緊急卻不重要」的事說「不」，減少「不緊急也不重要」的耽溺活動，並藉由減少無意識的慣性因循，縮減待在「緊急且重要」的時間。盡量把時間轉移到「不緊急但重要」的事上。

五、雙贏思維：雙贏（幫助別人）使人產生美好的感受。

六、知彼解己：練習真誠的傾聽，不判斷、不提出建言，只反映現狀。練習用你自己的話重述對方的言語和感受。

七、統合綜效的行動方案，譬如：界定問題、了解對方構想、分享自己構想，腦力激盪產生新點子，找到更好的方法與策略。

八、在性靈領域關懷自己，「寫日記」是很好的自我對話方式，傾吐心事，提升自覺。

最重要的是「不要讓學校阻礙你的學習」。

第四章

課程篇：藝術教育的無限可能

藝術教學新取向，吸引學生的主題設計、連結學生感受的提問引導力、運用設計思考展開課程鷹架、帶領學生熟悉運用視覺表達，培養學生自學動機與能力，習於合作共享、協作共創，磨練人際溝通、情商與表達的經驗值，在教學／學習中，師生共同成長。

許多人總認為藝術學習偏向自我表達與美感情意，目的是增加氣質、陶冶涵養，讓生活更美好。相對於一般實用科目來說，藝術乃「餘事」，必須得生活無虞才能進而追求生活品質，因此「五育」德智體群美之中，「美」總是敬陪末座。但是，我認為這種觀點稍嫌狹隘，在遠古石器時代，人類祖先即使處於生存威脅底下，卻依然創作出壯麗的拉斯考洞穴壁畫。為了抒發生存渴望，驚嘆於自然的力量，也為了留下智慧的紀錄以傳承，人們因此從事各種藝術活動。

藝術並非餘事。藝術教育的特質，對人類文明的推進有不可抹滅的價值。二〇〇四年教育部進行教育改革，推動「九年一貫課程綱要」。九年一貫以前，藝術課程重視藝術史脈絡的完整，以及有系統的介紹藝術創作媒材。而九年一貫課綱將原為「美術」與「音樂」的國中小領域名稱，增加「表演藝術」，改為三科合一的「藝術與人文」領域。教科書的課程編撰思維，也轉變為與「人文」面向緊密連結：「人與自己」、「人與社會」、「人與自然」，並新增更多本土意識、文化世界觀、各式重大議題等國際視野，來回應時代潮流。藝術課程因此更廣泛探討藝術在人類文明呈現的多元面貌，從培養鑑賞眼光，再到藝術媒材的表現。九年一貫課綱之後的藝術課程已不再只著重媒材與技法的傳授，而有更多感受與鑑賞層面的引導。

回到教學現場，要藝術老師從原本偏重藝術知識與媒材技法為主，轉變為以更為寬宏的人文面向來切入課程設計，對第一線的老師來說，無疑是項挑戰。一直以來，教案設計的體例撰寫，要求教學活動起始需要有「準備活動」，才能進入占課程操作大部分時間，讓學生得以進行演練與創作的「展開活動」，以及最後進行統整、檢核的「綜合活動」。準備活動是與學習者產生重要連結的前導步驟，倘若老師對課程思維仍是以創作活動為主，導入活動的環節往往容易流於表面形式，例如要求學生翻翻課本的圖版案例，老師予以口頭說明，或是僅僅成為交代創作前的預備動作。

因應二十一世紀時代潮流，十二年國教對課程有更多不同以往的見解與要求。要能與學生生活和核心素養緊密連結，以及符應跨學科、跨領域或重大議題的課程設計，要求課堂教學必須盡快跟上，因此老師面對這個時代空前巨變的教學現場要求，必須期許自己的專業成長與時俱進。

這是劇烈動盪的時代，卻也是激昂鮮活的時代。

面對空前挑戰，我們因此看見藝術教育的無限可能。

4-1 開啟想像的備課起手式

建構自己的備課素材庫

所有學科當中藝術課程內容樣貌最為自由，擁有無限創意與驚喜，很少有藝術老師甘於只依據校用教科書的內容編排，完全照本宣科依次上課。老師們會參考新學期的課本，思量哪些單元適合這學期的課堂操作，但考量點自然不是為了配合段考的進度與內容（大多數學校不用紙筆測驗來進行藝能科評量），而是來自個人對藝術課程的詮釋與專擅，對學生的理解與支持，當然也部分根據學期的既定任務與行事所需，例如：配合校本課程、校慶活動、成果展演、節慶主題、重大議題、美感計畫、跨領域計畫等等，包含為了各種競賽參與，或經費申請計畫內容需求，所發展出的各種特色課程。

由於藝術課程的彈性與多元，以及教學對課本的依賴度偏低，藝術老師對課程的發展與創思，往往來自於個人閱覽的書籍雜誌，與藝文展演活動參與經驗（例如：藝術季、音樂季、設計週、博覽會、主題特展、影展、文創市集、街區踏查、文化參訪……），當然，還有更多線上資源、臉書社群等平台之分享文章。主動積極尋求各方資源輸入，是現階段從事教學不能不投入的日課。

線上資源豐富多樣，對現代人來說無疑已經到了令人焦慮、目眩的程度。要如何擷取對教學相對有用的資源？

就我個人而言，臉書等網路平台上教學夥伴的分享，如同資訊篩選過濾器一般，讓我在茫茫網海可以攫取出有創意又接地氣的教學好點子。

現在是連結與分享的時代，一個社群平台帳號，往往就是為自己量身打造的自媒體，在每一次的按讚、分享、發文之間，我們正在形塑自己的世界。我們可以循著喜好，對每一則開箱文、美食文、購物頁面、網路笑話、心理測驗遊戲……互動反應，當然我們也可以有意識的將自己的動態頁面，打造成可以為己所用的教學資料庫。倘若要利用週末假日追逐大江南北各場次的增能研習工作坊，確實有其困難，那麼不妨運用幾個「click、click」時刻，在按鍵之間，建構自己的教學備課室。

一、搜尋臉書大神

在台灣，各領域的教學神人大多在臉書上都有粉絲專頁或公開貼文，又或是在部落格或個人網站定期發文。

大神之所以為大神，都是長期以來不斷自我修練，累積能量厚度，並且樂於在網路無私分享，擴大無遠弗屆的影響力。追蹤大神們的動態頁面，很容易就知道現在教學現場的最新趨勢。同時，知道大神們讀什麼書、推什麼文、參加什麼活動、進行什麼樣的生活實踐，循此路徑再深入，轉換成可為己所用的切入點，等於是站在巨人肩膀上，可以看得更高更遠。

特別建議拓寬搜尋雷達範圍，不局限於自己的專業領域。以藝術教師為例，各種新的展覽訊息、新的媒材應用，必定十分吸引目光，但是，在課堂上幫助學生可以進一步學習的技術，例如：閱讀理解、資訊圖表、數位應用、時間管理、閱讀法、筆記法……還有更多對於教學的技術之增能，例如：影片素材、拍攝剪接、數位軟體、簡報技巧、主持引導、語調聲情、師生對話、修身安頓等等，都必須有意識的多加關注，時時擷取好點子，以擴增自己的「珍藏項目」。

二、追蹤專題頁面

專題網頁或臉書粉絲專頁、社團（如二一二—二一三頁，表一）集結了取之不盡、用之不竭的教學素材資源，而且多是經過分享者費心編排，或是已經實踐的教學現場課堂風景，版主、管理者努力經營的園地，秉持著讓藝術教育更美好的無私精神，確實造福了許多熱忱投入藝術教育的老師們，在彼此連結與支持之下，迸發更多教學創意與能量。

三、關鍵字搜尋

以上是我在日常開啟創意雷達的兩個方向，遇到有感的素材，即使當下無法好好瀏覽或研究，也會立刻儲存在臉書「珍藏項目」中，或是將來源連結貼在「Google Keep」，並加上標籤分類和簡單命名，便於未來需要之際可以查詢。但是遇到馬上要進行教案撰寫、講義設計的關口，翻著課本卻沒有靈感？不要忘記，我們可是處於資訊爆炸的時代，從來都是訊息過多，而不是腸枯思竭。動動手指頭，將關鍵字鍵入搜尋引擎，召喚谷歌大神前來，只要我們設定清晰的目標，一則訊息就會引導我們找到第二則訊息，意念會自行運作，領著我們遇見「眼睛一亮」的好點子！

社群社團網頁	**教育部藝術領域輔導群**	**美術教材想法分享**	**美角｜生活中的每一堂課 2.0**
網址	https://reurl.cc/ZQdDKV	https://reurl.cc/Gdq783	https://reurl.cc/pmQLY8
說明	「教育部中央輔導團藝術與人文學習領域輔導群」官方社團，約 1.6 萬名成員，分享國內外藝術相關資訊，是強大的備課資源。	國中美術老師自發性開設的交流社團，約 4500 名成員，版主與成員熱忱分享教學想法，可以看到許多教學現場操作。	「教育部 108 年至 110 年美感與設計課程創新計畫」官方網站，有著豐富的美感教育資源，包含專題文章、上百個全台美感課程示例可挖寶。
社群社團網頁	**視覺藝術學思達共備社群**	**學思達教學社群**	**ShareClass 教學資源共享平台**
網址	https://reurl.cc/jq4xb1	https://reurl.cc/bzbM1l	https://reurl.cc/E2NkOg
說明	孫菊君成立並擔任召集人的視覺藝術學思達社群社團，約 4000 名成員，線上分享學思達課堂風景，並定期舉辦線上實體共備聚會。	學思達臉書官方社團，約 7 萬名成員，以課程設計及學思達教學為交流主軸，學思達相關教師培訓研習與其他公開資訊的發布窗口。	一個開放的教學資源共享平台，幫助中小學教師探索、蒐集，與分享優秀的教育內容。不管各領域或各學層，都可以在此找到豐富的學思達講義示例。

表一：藝術教學相關網路資源推薦（**續下頁****）**

社群社團網頁	溫老師備課 party	iPadSeeding Teachers/iPad 種子教師	Pinterest
網址	https://reurl.cc/dVbKm6	https://reurl.cc/g8bL47	https://reurl.cc/bzb1DE
說明	溫美玉老師發起並主理的國小端老師備課社群，約 12 萬名成員，現場老師分享熱絡，特別是各種教學輔具之運用。	運用科技輔具進行教學的交流討論園地，iPad 教學大神出沒地，約 1.4 萬名成員，交流分享熱絡頻繁，也可提出問題請大神救援。	來自美國的社群網站，強大的視覺圖像搜尋工具，可以按主題分類添加和管理自己的圖片收藏，並與好友分享。

社群社團網頁	Shopping Design	學學 XueXue	500 輯
網址	https://reurl.cc/e9bjLL	https://reurl.cc/qmbMrp	https://reurl.cc/8yA10R
說明	設計雜誌的官方網站，關注設計生活、風格與文創領域，挖掘報導設計美學、建築空間、展覽活動……關注重大藝文時事的入口。	學學文化創意基金會的臉書粉絲專頁，分享國內外當代藝文展訊與工作坊課程訊息。	聯合報系的文創平台，介紹文化人物、質感生活、設計美學、文藝視角、風格商業等專題。可以找到當代各種文化標竿性人事物之相關報導。

找到引動好奇的鑰匙

備課過程是一趟驚奇之旅，而旅程的起點，就是輸入關鍵字的時刻。

舉例來說，執行了一學期藝術大聯盟的角色——收藏家、藝術家、策展人、美術館長——之後，在藝術課堂，我發現確實有許多學生的特質，難以用單一身分來區分其能力與特質。他可能是很好的藝術創作者，同時又有靈活應變的思維和領導能力；而有些學生，雖然因為少有練習機會，以致於不擅長繪畫，但可以從他的文字或口語表達，觀察到他其實很有創意，卻因為既定觀點的限制，缺乏積極表現的自信。於是在新學期之初，我希望可以尋找新的學習素材，讓學生們知道：①藝術職涯多元寬廣，值得多方嘗試；②藝術才能並不僅限於技法精熟與否，創思才是藝術最珍貴的部分。因此，我鎖定於介紹一位跨界藝術家。

在搜尋引擎上鍵入「跨界藝術家」，捲動了幾頁搜尋結果，覺得應該沒有學生聽過的人物，這樣實在很難引起共鳴，於是我修改關鍵字為「跨界藝術家收藏家」，才滑到第二頁，一則條目映入眼中：「藝術文創分享會 黃子佼—我熱愛的文創收藏 50+」，腦袋中的燈泡亮起，賓果！是黃子佼。他是知名藝人又是收藏家兼藝術家，一定可以吸引學生的目光。

再次鍵入「黃子佼 藝術家 收藏家」，前幾個條目就出現了 YouTube 一則長度四分四十五秒的新聞影片——非凡電視台「黃子佼變身藝術家 年砸 200 萬買收藏」*，點進去一看，採訪團隊直接進入黃子佼的創作工作室兼展品陳列間，可以同時看到他的收藏及作品，而他娓娓道來如何用實質的收藏支持年輕藝術家，之後擔任策展人策劃主題藝術展覽，又如何開始嘗試藝術創作，並自謙還是很資淺的創作者，尚有很多學習面向需要加油。以這樣的影片作為自學素材，讓學生思考藝術職涯的多元和角色變換，真是再好不過了。我立即設計了四個提問：

問題一、熱愛藝術的黃子佼，在藝術產業中，有哪些身分？

問題二、在藝術市場中，黃子佼的身分轉變過程是如何？

問題三、以黃子佼目前的狀況，你認為他最能勝任的是哪一種身分？為什麼？

* 非凡電視台「黃子佼變身藝術家 年砸 200 萬買收藏」報導影片
https://reurl.cc/e9o567

問題四、你認為黃子佼最想要成為哪一種身分？說說你的看法。

針對問題三，學生們大多認為黃子佼最能勝任收藏家，理由是：「因為他身兼藝人，年收入足以收藏他人創作，且他本身也很懂藝術和藝術買賣，可以去投資賺錢或挖寶」，或是「由於他是演藝界的人，有較多通道可以獲得認識許多藝術家的機會。而他在演藝事業賺了那麼多錢，才能收藏如此高價值的東西」。而問題四，可以發現他最想要成為的是藝術家，因為「他努力收藏並了解藝術的價值，讓他吸收許多創作靈感，而開始創作屬於自己的作品」。孩子們言之有物啊！

能引發學生共感的學習素材，連平常對課堂學習漫不經心、調皮搗蛋的學生，都會願意投入思考。他們從黃子佼身上學習到的，不只是對藝術產業身分角色的理解，更能看到一個人對自己熱忱之所在，是多麼積極投入與努力奮鬥，這對處於青春期、正在尋求自我認同與定位的青少年，頗多啟示，甚至有機會藉由這樣的素材觸及學生對藝術價值的體會。

有名靦腆的學生，平常極少用文字或是口語表達，卻在回答問題四時寫下這樣的答案：「藝術家。因為他認為藝術是情感上的抒發，而且情感的抒發是無價的。」

看到答案，我充滿欣喜。過去得花多少力氣才能讓學生說出：「藝術是情感的抒發，而情感抒發是無價的！」真正能進入學生心中的學習素材與提問，讓我有機會因他們纖細敏感的深刻回應而萬分驚喜。

學生不是不願思考、不願打開心房，而是我們沒有拿對鑰匙開對門。在長期實踐與體會之下，我發現打開好奇之門的鑰匙有三把：

- 與之相關
- 投之所好
- 專業典範

再以收藏家為例，提出黃子佼或是奇美博物館創辦人許文龍先生，這兩者對觸發學生好奇心的引入路徑完全不同。但是，會讓學生產生好奇進而願意探索與學習，跟著老師的提問進入思考詮釋，整理出自己的想法與見解，甚至評價與應用，可以啟動好奇心的學習素材，我認為必須扣合上述三把鑰匙之一。

黃子佼的收藏最早從潮牌玩具開始。他的藝人身分以及潮流文化與玩具收藏，像是變形金剛、鋼彈系列、樂高等，都可能「投之所好」，直接命中學生愛好的靶心。又或者看過黃子佼的主持節目，甚至也有同樣的玩具收藏興趣，非常容易就產生「與之相關」的連結。如此進入認識收藏家、策展人、藝術創作之領域，與了解背後的心路歷程，對學生而言，更能保持高度關注，興致勃勃的一路探索下去。

如果換成學生未曾聽聞過的收藏家許文龍先生呢？大部分課堂上的學習素材，不見得都是學生感興趣的內容。試想，過去在求學階段，有多少上課內容是我們真的很喜歡、很感興趣，迫不及待想要一窺究竟？絕大部分都令人呵欠連連吧！為了引起學生注意，老師使出渾身解數，背上一百則笑話，努力穿插在課前或課間，只為了博君一笑，爭取學生那寶貴的數分鐘清醒。

教學不是討好，「投之所好」不一定非得和青少年次文化緊密連結。如果學習素材難以引起學生的求知渴望，我會轉向創造「與之相關」的連結通道。

想介紹許文龍先生，則是為了鼓舞擔任「收藏家」這個角色的學生們。在「藝術大聯盟」的異質性分組角色中，「收藏家」多是學習意願與態度較為低落的學生，這些學生在團隊協作的「團體作戰」機制帶動下，比起個體學習時成效較好是無庸置疑，但是保持積極態度的學習曲線會漸漸下滑，這種情況其實不只出現在「收藏家」身上，到了期末，幾乎所有學生都是如此。因此，新學期第一堂課，我總是慎重安排，視為學生與課堂、學生與夥伴、學生與老師之間，彼此再連結的打磨時刻。我並不急著正式進入學期的正規課程，常常會選擇一支影片與學生分享，用提問引導收心，同時也定錨，站穩後一起邁步向前。

二〇二〇年二月，奇美博物館發表全新形象影片「心願的起源」。影片中，現年九十二歲的許文龍先生，訴說著困苦的童年歲月，當時住家附近的日治台南州立教育博物館是他的心靈寄託，使他許下興建博物館的願望，八十年後的今天，許文龍站在奇美博物館前，他終於圓夢了。

這支影片全長四分五十秒，拍攝得磅礡大氣、至為感人。我先帶學生瀏覽奇美博物館官方網站的展覽空間＊，像是「動物廳」、「兵器廳」、「樂器廳」，驚人的古今中外兵器、樂器大觀，和多樣的動物標本收藏，都是學生會特別感興趣的部分。接著在講義上擬了兩個「與之相關」的問題（如二二〇頁，表二）：

＊奇美博物館線上公開所有常設展廳，並有 720° 虛擬實境導覽
https://reurl.cc/E2vKrA

問題一：請寫下寒假期間，一件最快樂的事？

地點：

時間：

跟誰（或單獨）：

事件：

問題二：看了許文龍先生「心願的起源」影片，你曾經也有那種看到某件事深受吸引，著迷到忘我的經驗嗎？那是什麼？請寫下來。

表二：藉由「與之相關」的問題設計引發學生的好奇與興趣

肯．羅賓森談到每個人都應該找到自己的「天命」，也就是「喜愛做的」加上「擅長做的」。但是如何才能找到？我希望藉由這兩個問題引發學生去覺察，當他們做什麼事情時會進入忘我的「神馳狀態」，也就是進入「心流」狀態？而這件事或許就是他們特有的天賦才智之所在，也是學生得以面對未來、發揮自己價值的資源。就如同許文龍先生因為對博物館經驗的著迷，奮鬥一生，最後實現心願創建了這座博物館。

本來以為會是一面倒的答案——手遊連線打怪（當然還是有），但卻看到許多讓我意外的答案，有的學生著迷於跆拳道、打球、跳舞、歌唱、卡牌疊塔、廚藝、重型機車、心理小說，甚至有生物演進與海底奧祕。有些學生也走上實踐夢想之路，開始寫小說，勤練球技或舞技。原來這世代的學生不是沒有在思考，而是我們沒有提問！

「我曾有次看幾個大哥哥打球看到著迷，所以如今很喜歡打球。」

「有，以前在用撲克牌疊一座塔時，疊到忘我，當我弄到最後一張時，那種成就感相當的好。」

「當我看到生物演變的過程時，我發現我找到了興趣，海底的奧祕也讓我著迷。」

「看到了手機裡小說片段，裡面寫著心理學家用一些方法，打破犯人的心理防線，跳出有用的證據，讓我覺得非常厲害。」

「在小學五年級的時候，我被好朋友推進了偶像小說的世界裡，當初只是覺得小說很好看，但不得了，我一看就看了五個小時，這也讓我愛上寫小說。從小五到現在沒有停過，一直在寫作。」

看了這些答案讓我滿心感動。敝校學生的背景大多都是辛苦掙錢過活的一般家庭，家庭資源的支持力不一定充足。但即使如此，學生們心中仍有夢，仍有足以著迷到忘我的天賦資源，只是，在制式教育下，我們沒有詢問學生：「那是什麼？」

我用許文龍先生的故事，影片中那個著迷於博物館，流連忘返的小男孩臉上迷人的光，引導學生們思緒飄向著迷忘我的經驗，帶著神馳當下的感受，重新看待自己人生的方向。此時此刻是不是有自己可以繼續努力的地方？一步一腳印，慢慢讓自己變得強大，成為夢想實現的那個自己。

我無法確定是否每個學生都可以百分之百明瞭我的用心，但是，可以察覺到，一開學浮躁不定的心，在這一刻漸漸寧靜了下來。在開學的第一週，雖然只是一週三十五節當中的一節，而且還是一堂藝術課，這支不到五分鐘，關於博物館創建者的影片，一位收藏家的故事，所承載著「專業典範」的學習素材，以及一組從學生本位出發，「與之相關」的提問，那光彩，悄悄溜進學生的心房。

4-2 連結感受的提問引導力

觀眾中心取向的藝術鑑賞

暢銷歷史小說家，《戴珍珠耳環的少女》作者崔西・雪佛藍（Tracy Chevalier），在TED演講開場白中＊坦承有件事令她感到困擾，而且直覺告訴她滿屋子的人應該都有同樣的苦惱。就是當她在畫廊看畫時，走過一間又一間滿是畫作的房間，觀賞了十五到二十分鐘之後，她領悟到自己並沒有在看畫，事實上她對這些畫一點感覺也沒有，腦袋

＊崔西・雪佛藍演講影片「名畫背後的故事」
https://reurl.cc/pmRDMr

裡想著的其實是亟須來一杯讓自己清醒的咖啡。這種苦惱就是所謂的「畫廊困倦症」（gallery fatigue）或是「博物館困倦症」（museum fatigue）。

「博物館困倦症」早在一九一六年就由博物館學者班傑明・吉爾曼（Benjamin Ives Gilman）提出，意指觀眾在參觀博物館的過程中，逐漸出現精力耗竭、注意力渙散、認知機能衰退，而產生疲勞感的現象。

會走進畫廊或博物館的觀眾，相對來說應該屬於喜好藝術，或至少對文藝活動有興趣，但是，研究博物館觀眾群的專家學者早就發現，即使愛好藝術，在大量藝術品環繞包圍之下，仍不免漸漸產生倦怠，甚至疲勞至極。

原因是什麼？崔西・雪佛藍女士有貼切的比喻：當我們在餐廳點菜時，服務生送上菜單，我們會瀏覽菜名和說明，遇到不明白之處也會詢問服務生，或是徵詢餐廳的招牌推薦菜色或是人氣餐點。謹慎下決定之後，在滿心期待中開啟全部的感官，體驗自己精心挑選的菜餚。一邊品嘗當下的滋味，一邊也在記憶中搜尋曾經與之連結的經驗，品評這道菜餚的喜好程度與價值。看著菜單，我們不會不加考慮的每一道都點，得思量用餐人數、用餐時間、飢餓程度，還包含自己可負擔的費用。前菜、主餐、副食、甜點、飲料，每一個選擇，倘若都是適合自己的，便得到美好的用餐經驗。這段完整的體驗，當然也受到餐廳的裝潢風格、擺飾陳設、背景音樂、服務品質等因素，以及與同行友伴之影響。

準備好全然享受的心情，用心選擇美好的餐點，悉心品味它的豐富，這樣的用餐經驗往往令人難忘。

同樣的，我們面對數量龐大的博物館展品時，在每一件都捨不得錯過、都想觀看欣賞，快步瀏覽、因而走馬看花，如何還能獲得細緻深刻的觀賞體驗呢？

享受美食需要用心，接觸藝術當然也需要用心。偏偏，心是最難強迫推銷。藝術課程要進入學生的心中，最重要的是引動好奇。「與之相關、投之所好、專業典範」的學習素材，有機會在第一時間牽引學生的目光，使他們有所觸動而發出讚嘆聲，但是，要再帶領學生往更深入的境地走去，願意品嘗其中的滋味，而不僅在讚嘆外型就止步，就需要一組好的提問了。

回到崔西・雪佛藍女士對「博物館困倦症」的建議解方，如同在閱覽菜單後找出此時此刻最想品嘗的一道菜，在快速瀏覽畫廊展間全局之後，找到吸引你的目光，讓你渴望駐足在前的一張畫，好好的閱讀它，為它編一段故事吧！

這是最簡單的觀畫引導方式，老師或家長都可以運用這種簡易的提問策略，帶領學生進入鑑賞之門。

一、叩問作品：這是什麼？這是怎麼做的？這是用什麼材料做的？主角想要做什麼？他為什麼是這種表情／動作？

二、叩問作者：為什麼藝術家會選擇這個主題？為什麼用這種手法表現這個主題？

三、反問自己：我為什麼會被這件作品吸引？這件作品給我什麼感覺？我為什麼對這件作品有這種感覺？

四、為這件作品編一段故事。

根據全場當中最具吸引力的作品編出的故事，不一定與藝術家本人或作品本身有緊密相關，卻往往與觀賞者有直接的關聯。即使引導者對作品本身不一定有充足資訊或深入了解，試著編故事就可以產生有意義的互動與對話。台師大美術系江學瀅助理教授的著作《玩藝術・酷思考》提及，這種方式屬於「觀眾中心取向」的藝術鑑賞，以此相對於「藝術史取向」藝術鑑賞。

「藝術史取向」的藝術鑑賞與批評四步驟，包含：描述、分析、解釋、判斷。需要對藝術作品的知識與歷史文化脈絡有所理解，對一般觀眾來說門檻較高。生硬的藝術知識與技法分析，需要靠專家或老師加以介紹和講解說明，學生對此類專門知識通常興趣不大，這也是藝術老師普遍對藝術鑑賞教學感到挫折的主要原因。

「觀眾中心取向」藝術鑑賞，則是以觀眾的主觀性為主，在觀看與描述的過程，並不必然要全盤知悉這件作品的背景知識與歷史評價，而是在觀眾對畫作內容細節的客觀描述之下，留意到自己有興趣的部分，因為好奇而投入更多的覺察，產生創作者為何如此表現的思考與提問，探究藝術家的創作動機。這個時候，引導者與鑑賞者之間的提問與討論過程相當重要，引導學生大膽描述自己的觀察、提出自己對作品的想法、大膽提問、想像，並讓學生相互回答問題，連結自身生活經驗，形成自己的見解與判斷。崔西·雪佛藍女士建議觀眾「試著編有關這件作品的故事」，讓這件藝術作品的價值回應觀眾自身生命的意義。

「觀眾中心取向」的鑑賞方式雖然鼓勵觀眾直接用個人感官面對作品，但也不能誤以為完全不需要去理解作品的背景資料，可以全然無所依據、天馬行空去發散。專業引導者仍需要具備對藝術作品創作脈絡的知識，引發觀眾好奇之後，引導其進入藝術家創作情境的發現，與作品藝術元素和呈現意義之間的關係。觀眾會欣喜發現自己與創作者之間的連結是如此的緊密。

敝校每年為美術藝術才能班舉辦畢業美展，在轟轟烈烈的開幕活動之後，更重要的是觀眾的欣賞與回饋。除了開放校外人士觀展之外，校內各班級皆利用視覺藝術課前往展場，充分把握只要走幾步路就可有正式規格展覽欣賞的機會。畢業美展展場內盡是年齡相仿的國中生創作，內容取材也不乏來自國中生所關注的生活周遭與心境，更有可能創作者就是自己認識的同學或學長姊，對於平常甚少參與文藝活動、沒有參觀展覽習慣的年輕觀眾們而言，這是難得可以親近藝術的機會。

我設計了觀展筆記學習單（如二二九頁，表三），以崔西・雪佛藍女士的方法，邀請學生進入展場後先行瀏覽一遍，找到自己最有感的一到兩件作品進行深入連結，讓觀展活動更具意義！

這些普通班的七年級生，畫圖不一定畫得好，但大多認真臨摹著自己從一百件作品當中精挑細選的那一張畫。雖然只有短短一節課，相信在一些學生心中必然產生觸動。一幅名為《道路英雄》的水彩畫作，小傑將之命名為《工作的他》。看到小傑寫道：「因為我的爸爸是做圖中類似的工作，我看過爸爸工作的背影，看到這幅畫時，我彷彿看到了爸爸，很感動。」我的心也跟著小傑的文字，洋溢著暖暖的光芒。

<table>
<tr><td colspan="2">

學習素材：中和國中 2020 第十六屆「藝流崛起」畢業畫展

Part 01 第一，請瀏覽展場所有作品，把展出作品類別（媒材）寫下來，例如：書法……

Part 02 第二，請前進到你最喜歡的作品面前，寫下以下問題：

（1）創作者：

（2）作品名稱：

（3）創作媒材：

（4）看到這張畫時你的感受，或是聯想到什麼？（例如：你是否也有同樣的想法或經歷？）

</td></tr>
<tr><td>Part 03 將這一件你最喜歡的作品，在下面空白處，依比例畫下邊框，並將作品臨摹在框框中。（鉛筆 + 黑筆，可上色）</td><td>Part 04 如果你要為這張畫重新命名，那會是什麼？

Part 05 如果你是比賽評審，你要給這件作品「特優」的殊榮，你會怎麼給他鼓勵，請寫下你的「評審感言」</td></tr>
</table>

表三：「觀眾中心取向」鑑賞方式的學習單設計

ＯＲＩＤ焦點討論法的提問策略

崔西．雪佛藍女士所建議的「觀眾中心取向」簡易提問法，可運用於一般作品欣賞的場合，但是大部分的課程都有其核心目標。教師根據教學目標，選擇足以引動好奇的適切學習素材之後，接下來要著手進行的就是「提問設計」。

在我發想藝術課程時，問題與任務設計，一向是最重要的環節，而我最常使用的提問策略，就是「ＯＲＩＤ焦點討論法」（Focused Conversation Method-ORID）。

過去課堂上發展教學提問，我總是很難向別人傳達好問題是怎麼產生的。有了「ＯＲＩＤ」之後，以循序漸進、有感有解的提問脈絡，幾乎適用於任何教學切面。

這原本是「無心插柳柳成蔭」的情況，二〇一七年三月，我因為參加在蘆洲國中舉辦的學思達國文領域工作坊，講師士林國中吳汶汶老師介紹「ＯＲＩＤ焦點討論法」（客觀－反應－詮釋－決定）四層次，之後開始研讀相關資料，發現與我們視覺藝術教學熟悉的「藝術批評四步驟」（描述－分析－解釋－判斷）若合符節（如二三一頁，圖一），卻更適合現在以學習者為中心，重視引導體驗和素養導向的教學現場，或許可以避免原先帶領藝術鑑賞時在「簡單描述」之後，馬上進入硬邦邦的「形式分析」，學生眼神瞬間呆滯、神遊太虛的狀況。在教學過程中，我總感覺倘若觀賞者本身的涉入積極性不夠，再多的藝術知識對學生的學習都只是生硬無感。

「ORID焦點討論法」的提問策略可與學思達教學法緊密配合，協助學生更深入進行有意義的討論，彌補傳統藝術鑑賞教學過程缺乏與學生自身生命情境及生活經驗連結的不足之處。於是我開始積極研究、理解與運用「ORID」，發展有效提問策略運用於教學，在各種研習場合我也會分享給教學夥伴。

這幾年「ORID」在教育界相當火紅，因為這樣的問題意識可以深入人心，把參與者的感受、情緒、心念和過去的經驗情境連結起來，讓人能充分體會進而共感，因此產生的洞見更為明晰，有助於問題解決與行動創發。運

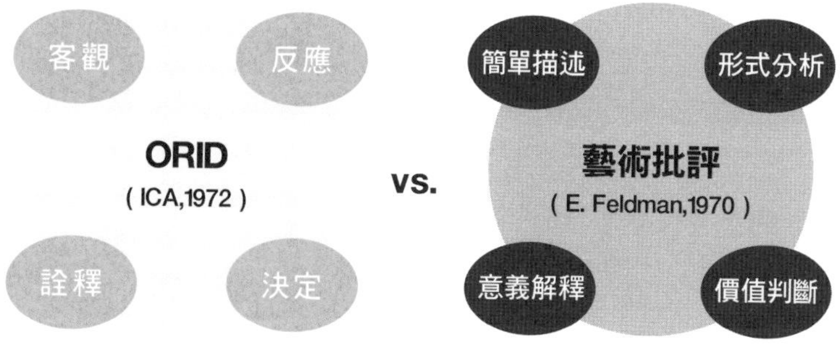

圖一：焦點討論法與藝術批評的步驟之對照與連結

用範圍從企業界延伸到教育圈，正是因為要達到深刻的有效教學，需要讓學生進入更為深刻的學習體驗。

藝術課程的價值很重要的部分是「開啟感官—覺察感受—自在表達」，這是自由與生命力的展現，在所有學科中，藝術對於身而為人的價值之養成，是最直接且深刻的。而「ＯＲＩＤ焦點討論法」對藝術老師的意義更是非比尋常。中文譯作介紹「ＯＲＩＤ」的兩本書籍——《學・問》與《關鍵在問》都提及，最初發展「ＯＲＩＤ」的約瑟夫・馬修（Joseph Mathews）教授，就是從「藝術對話」啟迪，甚至在早期，就名之為「藝術形態對話」（art form method）討論法。

馬修教授在輔導二戰倖存的退伍軍人時，發現受創極深的返鄉士兵難以用言語說出戰爭時歷經的所見所聞與內心感受，因此，回想他在求學時代曾修習的藝術課之啟發，運用對藝術作品的討論與對話，邀請學員觀察畫中的人物、物件、場景等，發現自己內在的反應，抽絲剝繭的覺察自己的感受，因為什麼受吸引、因為什麼產生反感，並連結到自己的生命情境與深層意義。而這套對話方式經過不斷發展，後來由總部位於加拿大的文化事業學會（The Institute of Cultural Affairs, ICA）推廣到世界各地，成為從事社區工作、對話省思的方法，名之為「焦點討論法」。

會命名為「焦點討論法」，自然是對照於一般難以聚焦的對話場景。大部分生活情境的閒聊對話都是片段而未經整理，上下文連貫的邏輯脈絡性薄弱，例如：「誒──我真是受不了我們班的學生，用一堆火星文寫生活札記，『是不是』寫成『484』，然後錯字連篇。」「對啊，掃地也都不會掃，他們花了很多氣力在偷懶……」然後有人突然加入對話：「那個課發會確定在週三下午嗎？為啥一定要那個時間？週三下午忙死了！一堆會議都撞在一起。」「是要討論評鑑嗎？還有校外教學，對了，今年辦去台南好了，景點多又集中……」「喔喔！台南還不錯，上次去的時候……」

像這樣的辦公室對話，一個短句接著一個短句，又有新闖入的內容，很快大家就忘記原先在討論的內容：大家對學生寫火星文的現象如何觀察與理解？「受不了」是指什麼？火星文和錯字連篇的現象應該如何看待？有什麼方法可以協助改善？一個對教學現場很好的討論契機，就因為無法聚焦，沒有「多說一點」，而流於生活縫隙中的閒聊和抱怨，到最後偏離失焦。

場景轉到會議的討論對話，校長開場：「請主任說明一下今天的開會內容」、「今天的內容請大家看一下紙本議程，第一項關於畢業展覽，是不是請趙老師說明一下目前的進度」、「好，今年的展覽時程卡到端午連假，連假是否可以正常開放展場，需要大家決定」、「開放展場需要顧展的家長配合，導師在這點是否有要補充？」、「我們班的家長配合沒有問題，真的無法到，因為是假日，學生也可以來幫忙」，校長接著說「好，那我們來表決一下，贊成開放請舉手？很好，全數通過，就這麼辦理！」

行禮如儀的根據議程開會，常常因為短時間要做出決議，而缺少充分討論，無法開展事件多元面向的考量：連假開放展場會產生什麼問題？注意事項有哪些？過去是否有先例？當時的狀況如何？影響如何？效益的考量？這麼做的真實目的和意義？除了家長學生之外，有哪些校內處室人員需要配合？在展期的宣傳上，怎麼做會比較好？

再回到課堂的師生互動，我們來看看針對學習內容問答情境：

老師：現在，對於課本這個關於色相環的圖，有沒有問題？沒有？好，三原色是？大家一起講——

學生：洋紅、黃色、青色。

老師：很好！三原色兩兩調色，會產生二次色，像是黃和青調在一起，會出現——

學生：綠色！

老師：很好！綠色會聯想到什麼？

學生：樹葉、草地、大自然。

老師：對，所以綠色因為是大自然的顏色，給人一種平和穩定舒服可靠的感覺……

像這樣在課堂上很普遍的師生問答，屬於布魯姆「認知歷程向度」低階的知識目標：檢索與確認的「記憶」層次、舉例與說明的「理解」層次，很容易因為老師只為了課堂推進順暢，少了和學生經驗與感受的進一步連結，也缺乏引導學生往更高階認知目標思考的機會。

以馬修教授在一開始進行藝術對話時，所使用的畢卡索《格爾尼卡》為例，學生可以在這幅巨作上，憑直覺發現許多令人印象深刻的客觀資訊，譬如有燈泡、公牛、嘶鳴的馬、仰天狂嘯的人、單手拿劍斷臂倒地的人、抱著嬰兒號啕大哭的母親……也會發現使用的色彩只有黑、灰、白的無彩色調，人物、動物、物象都是用粗筆勾畫，造型扭曲變形，畫面分割破碎。在給予更多《格爾尼卡》的背景知識之前，這些畫面的具體細節，都應該讓學生主動發現，並用提問引發他們說出情緒與感受。

馬修教授邀請學生想一想自己從這幅畫聽到什麼樣的聲音，並依照自己的感覺，全班一起發出這樣的聲音，最後整間教室爆出痛苦的驚人嚎叫聲，而此時教室的門立刻被打開，一位經過的學生探頭進來查看，臉上的表情就與畫作中的人物一模一樣！全體學生都因這樣的體驗現場感到無比的震驚，並陷入一片沉默之中，這時候教授問道：「想想看，你看到這幅畫的情境，在你生命中哪裡上演過？」

馬修教授特別揭示「體驗你的經驗」（experiencing your experience），所有的問答與討論，唯有進入感知、回應、判斷到決定，這樣人類心靈自然流動的內在過程，回到真實生活的經驗，意義因而得以聚焦。

試想，倘若我們依著「藝術批評四步驟」，請學生觀察描述《格爾尼卡》的內容，然後進入構圖、風格的形式分析，補充一九三七年西班牙內戰的背景知識與畢卡索的畫史評價，這些都是與學生生命經驗連結薄弱的知識訊息，就很難讓學生從「體驗你的經驗」中有感學習。相反的，像馬修教授之引導，當整間教室爆出痛苦呼喊時，有人或許想到排山倒海的課業壓力、或是回憶起曾在電影中看到的恐怖場景，又或許是曾經在半夜裡驚醒的一場惡夢……在此之後，老師再分析畢卡索如何用色彩、構圖、形式等造成這樣的視覺心理效果；補充畢卡索會選擇以公牛代表殘暴，馬則代表人民，是因為在西班牙民眾心目中，鬥牛場上出現的公牛，在文化層面往往代表黑暗勢力，所以畢卡索以公牛來代表無視人民疾苦的殘暴政權。那匹仰天悲鳴的馬，象徵著面對公牛卻不屈服的人民之咆哮。前景的戰士雖然已經倒下，卻依然緊緊握著那柄象徵正義的斷劍與花朵，以表達人民復仇的決心與寧死不屈的精神。帶著從《格爾尼卡》獲得的情感，明白藝術家如何運用無彩色與畫面分割，造成視覺上的對比與衝突，連結自己的情境，藉此延伸應用，創作出可以表達自己想法的作品，會讓整體學習歷程深刻而豐富。

好的提問，正是幫助思考的歷程得以呈現！接下來，簡要說明「ORID」的四個層次，並舉例說明「ORID」在藝術課堂教學常用的提問，以供教學設計之參考。

「Objective」——客觀性的層次

指在針對學習素材的討論之始，用一組提問引導學生用直覺感官，例如：看到的、聽到的、觸碰到的、聞到的、嘗到的……擷取主題相關的客觀資訊，包含發生的事實、基本資訊、背景資料等，以及在回憶中可以觀察到的事物。藝術課堂常見的問題有：

▼在作品中，你看到了什麼？聽到了什麼？觸摸到了什麼？聞到了什麼？

▼說說看，故事主角做了什麼？你知道發生了什麼事嗎？

▼作品的哪一部分你記得最清楚？有什麼讓你特別注意的嗎？哪些內容最吸引你？

▼請試著想像你是安裝在牆上的監視錄影機，你錄下了什麼？

「Reflective」（Responsive）——反應性的層次

在對學習素材進行客觀層次的觀察之後，教師引導學生對立即出現的內在回應與情緒感受，以及過去經驗記憶之聯想與連結進行闡述。例如是什麼引發他們生氣、興奮、好奇、迷惑、害怕等反應，以及「這讓我想起……」與過往經驗相關的反應。這是在藝術課堂中相當重要的導引面向，藉由一組反應層次的提問，讓學生可以說出內心的景象、聯想和情緒，幫助學生與學習素材之間取得更深刻的連結，而不僅止於「喜歡」、「不喜歡」的模糊回應。

比較需要注意的是，在藝術課堂上，「客觀」與「反應」兩個層次常常會因為學習素材與情境不同，在順序上可以依需要適當調整，甚至是穿插提問。藝術的學習，多是偏向抽象性的感知層面，例如聆賞一段沒有視覺畫面的音樂，便可以先從「反應」層次的提問來進行引導，從情緒感受的覺察到內在意象的想像，再切入具體的客觀描述。

- ▼接觸這件作品之後，你的第一個反應是什麼？
- ▼這件作品有讓你聯想到自己的經驗嗎？
- ▼回想一下，你什麼時候曾經遇過類似情境？
- ▼閱讀／欣賞／聆賞這件作品時，心裡出現了哪些畫面？
- ▼觀看／聆聽之後，讓你有什麼感受？什麼地方讓你感到驚訝？興奮？矛盾？疑惑？挫折？掙扎？失望？喜悅？
- ▼你在哪個部分是情緒的最高點？哪邊是最低點？
- ▼在這個部分，你的表情和動作看起來會是如何？請做給我們看。

「Interpretive」——詮釋性的層次

對詮釋性問題的回答是基於客觀資訊（O）與感受反應（R）而來，關鍵字是「為什麼」，找出之間的意義與重要性、目標、理由與價值，區分類別、思考優先順序、推理原因、發展解釋、判斷方向、觀點批判。如果忽略詮釋層次的問題，觀察與感受沒有收束與統整，學生會難以聚焦，阻礙往更高層次思考前進的機會，對之前客觀與反應層次的回答，將會流於表面而無法產生更為深刻的意義。

在傳統的教育現場，老師為了讓學生快速獲取知識，常常忽略充分的引導，而直接揭示學習素材的意義與價值。舉例來說，倘若給學生看「人類一家，人人共享」影片，在缺乏與學生的生活經驗和內在感受連結之下，老師很快就說出結論——這支影片要說的是「團結合作的重要性」，這樣便會為整體教學定了錨，容易限制學生對影片內容所能發現的面向。

當某一個聲音凌駕其他聲音時，其他選項的可能性便大大被抑制，特別是對藝術教學來說，是相當大的挫傷與損失。詮釋層次的提問，應避免回答落於非此即彼的單一「對」或「錯」之評價面向。常見的提問有：

- ▼你認為這件事「為什麼」發生？與什麼相關？
- ▼在這些素材之間，你發現了什麼共通之處？
- ▼在使用方法上，有哪些相似之處？發現了什麼不同？
- ▼如果你在這幅畫／這齣劇之中，你會是誰？你會在做什麼？

- 你覺得在這件作品裡，還缺少什麼？
- 你如何看待這件作品所傳遞的訊息？有什麼更深入的理解？
- 觀看／聆聽之後，對我們有什麼意義？我們從中學到什麼？
- 這件作品的背後，揭示了什麼樣的價值觀？

「Decisional」——決定性的層次

最後的決定性層次，目的是為了讓回應者或學習者，經由前述的覺察感知與意義詮釋之後，為自己、為團隊、為目前所面對的問題，做出具體實踐的承諾、決心與決定，提出解決方案的選擇，把討論內容延伸、轉化與應用。在課堂上，學生在學習活動之後，可以將所學自己應用到的周遭生活與其他情境，往往是能否有效教學的指標。決定性層次與鑑賞和實作可以連結，屬於學思達五步驟的「學生表達」部分，它也許是一篇鑑賞報告、課後心得，或是學生自己使用所習得的方法，選擇另一件作品、另一種題材、另一種媒材……讓自己再練習一次，以鞏固學習。決定性層次讓學習與未來產生關係，舉一反三，產生學習遷移效應。常見的問題有：

▼如果要總結今天的學習，你會說些什麼？

▼什麼樣的比喻，可以用來總結你在這堂課所經歷的一切？

▼你會如何跟不在現場的學習夥伴，說明這件事情？

▼如果要用一段詩句、一首歌或一個畫面、一張影像，來為今天的學習命名，那會是什麼？

▼你會如何在生活中應用今天的學習？

▼你對今天的課堂有什麼建議？

▼請創作一幅跟今天討論相關的作品，並說明你的想法。

▼寫下一段與今天所學有關的心得感想，與同學分享。

最後補充，對於國小或國中的學生，倘若對「ＯＲＩＤ」這四個英文單字：「Objective」、「Reflective」、「Interpretive」、「Decisional」比較無感，我會建議使用「４Ｆ引導反思法」的四個「Ｆ」的提問重點：「Facts」（事實）、「Feelings」（感受）、「Findings」（發現）、「Future」（未來）。「４Ｆ」是英國學者羅貴榮（Roger Greenaway）提出「動

態回顧循環」（Active Reviewing Cycle）的引導技巧，內涵與「ORID」相似，並用撲克牌的四個圖樣與寓意，讓較年輕的學生更容易理解提問的方向（如圖二）。搭配撲克牌，可在「組內討論」、「學生表達」的學思達課堂步驟上靈活變化。例如：在四人分組或兩兩討論中，隨機抽取花色，依該花色的提問層次進行組內分享。人人都發言，讓討論分享的節奏較為明快，也有更多機會可以聽到別人的觀點。當課堂時間有限，只能針對某一層次提問進行公開表達時，也可以指定每組抽到該花色提問層次的學生代表報告，其他同學予以協助支持。

▼ **「Facts」（事實）**：以方塊代表。如鑽石的多面性，比喻客觀性事實需要透過不同角

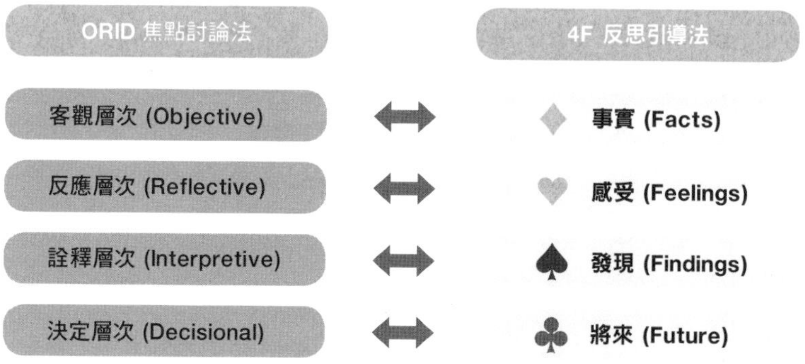

圖二：ORID 焦點討論法與 4F 引導反思法的對照

度的觀察來以描述。

- 「**Feelings**」（**感受**）：以紅心代表。象徵出於內心的主觀感受、情緒、經驗。
- 「**Findings**」（**發現**）：以黑桃代表。黑桃形狀如同一把鏟子，象徵往下深掘，藉以尋找原因、澄清意念、發展解釋，總結意義與價值。
- 「**Future**」（**未來**）：以梅花為代表。多瓣的梅花代表多向度的前瞻思考，多種可能性的選擇，將學習經驗轉化和應用於未來的生活。

從創意廚房紙巾廣告談「質感」經驗

情境：生活經驗裡的「質感」無所不在，但是學生卻很少意識到「質感」的重要性。藉由有趣的廚房紙巾廣告展現的「質感」與廣告創意笑點連結，激發學生熱烈參與討論的動機，再導入教育部美感教育計畫「美感入門電子書」*對「質感」的陳述，讓「質感」與學生生活經驗相互印證而理解。

目標：從二〇一八年一則廚房紙巾廣告*之創意點，引導學生觀察並思考「紙巾」的創意用途，體會質感切合於生活功能需求之關係。

開場說明：這個單元「紙感不思議」，是要讓大家認識紙的質感，並且運用合適的紙材，每組要創造一件「創意紙感燈罩」＊。在課程的開始，我們要充分利用現在大家手上的這張廚房紙巾來學習。請同學們先觀察並觸摸這張紙巾的質感，觀賞這張廚房紙巾的廣告影片，用「質感」的角度，解析影片中的創意廣告點，並回答以下問題：

O客觀性問題：請說說看，在廣告中，你看到什麼部分是關於「質感」的描述？主角人物用廚房紙巾做了什麼事？

＊台灣藝術教育網「美感教育」相關資源
https://reurl.cc/l0OLvl

＊廚房紙巾廣告「一秒順媳．后傳」
https://reurl.cc/xgjOoE

＊「紙感不思議　創意燈飾設計」的教學歷程影片
https://reurl.cc/V3b355

R反應性問題：廚房紙巾會在那些日常場合出現？你曾經拿廚房紙巾做什麼？這部廣告與你所知或是想像中的廚房紙巾用途有什麼不同？你的感覺如何？為什麼？

I詮釋性問題：說說看，就「質感」來說，廣告裡的廚房紙巾為什麼可以：①代替手絹，②做魚拓，③接住展翅高飛的大餅？

D決定性問題：對於廚房紙巾，你還有什麼「質感」創意聯想？是什麼樣的質感因素造成以上的用途功能？

結語：將問題四討論結果寫在小白板上，小組代表舉三個最有創意的質感用法。

課程操作說明

自學：會使用這則廚房紙巾廣告來導入質感課程，就是從臉書的「珍藏項目」備課素材庫中找出來。當初因為友人分享，覺得這則廣告創意點很多，將來不管是談中國色彩、傳統服飾、諧音吉祥話、戲劇表演、廣告手法……都可以使用，結果居然在進行美感課程「質感」構面時用上了。浮誇表演、笑果不斷的方式，就是會讓人目不轉睛、符合「投之所好」引起好奇的導入素材。廣告長度三分鐘剛剛好，可以在學生陸續抵達藝術教室之時輪番播映，配合講義（如二四八—二四九頁，圖三）的課前閱讀，學生一進教室，便無縫接軌進入自學情境當中，開始邊看影片邊作答。

思考：發下每人一張與廣告內容同廠牌同款式的廚房紙巾，更是另一種自學素材，我邀請學生用手指觸摸、用手掌輕擦、用臉頰撫摸、用手指掐著在空氣中揮一揮、掂掂看它的重量、用雙手拉感受它的張力、揉起一角捏一捏再攤平……用各種感官悉心覺察這張紙巾的質感各面向。紙巾本身就是「與之相關」的常見生活物件，用平常沒有注意的角度體會這張紙巾的質感，每個學生都很開心投入。廣告創意將對廚房紙巾功能的想像，推展到無限的可能，在一屋子的歡笑當中，引起學生熱烈的迴響，但這時候必須永遠扣合課程的教學目標，思考「質感」層面，廣告裡的廚房紙巾為什麼可以：

①代替手絹（柔軟滑順如手絹）

②做魚拓（極度吸油）

③接住展翅高飛的大餅（強韌堅固不易破、材質扎實不易裂）

討論與表達：每個學生手上有張紙巾可以撫觸，確實有助於創意的發想與討論的參

106-2中和國中美感實驗計畫　視覺藝術學思達　Magic Texture for Paper

紙感不思議

新北市中和國中 視覺藝術科 孫菊君老師 編寫

▲自學時間：請閱讀右邊文字對「質感」的敘述，並回答下面問題：

問題一：舉一個例子說明，在生活經驗中，什麼狀況之下會感受到「質感」？

問題二：從小到大，你是如何建立自己的「質感經驗資料庫」？

問題三：舉一個例子說明「質感」如何影響我們的情緒與生活？

「質感」豐富人們的生活

究竟什麼是質感？質感是觸覺、視覺與經驗連動的統合概念。每當面對一個全新未知的物體，人類習於以手腳和雙眼做為觀察工具，首先接觸物件表面獲得最直接的觸覺訊息，例如：粗細、軟硬、溫度；再以視覺做為次要輔助，幫助閱讀物體的表面紋理、光澤等訊息，並整合成記憶傳遞到大腦，因而建立「質感經驗」資料庫。

一個人的質感經驗資料庫會隨著生活經驗增加而逐漸豐富、完整，漸漸地，只要看到一個物體表面的紋理、光澤，不需要透過觸覺，就能判斷出這個物體的觸感粗細、軟硬，甚至連結起過去的記憶，產生喜惡感受。

例如看見一個鋪著榻榻米的日式建築空間，很容易會想起榻榻米和木地板的表面質感，並進一步連結起對日式建築的印象，好比涼爽宜人，而自然地產生愉悅的感覺；反之，若是看見髒亂濕滑的環境，不須真正走近，就會產生排拒的心情，這都是質感經驗對人與生活的影響。

圖三：紙感不思議課程學習表單

106-2中和國中美感實驗計畫　視覺藝術學思達　Magic Texture for Paper

問題四：閱讀右列文字敘述後，請舉一個生活的實例，告訴我們如何根據需求，選擇適合的材料質感？

補充討論：

舒O 廚房紙巾 廣告
【一秒順媳．后傳】

請用「質感」的角度，解析下列的廣告創意點：

1. 廚房紙巾為何可以代替手絹？

2. 為何可以做魚拓？

3. 何以能接住展翅高飛的大餅？

符合需求的質感

用合適的材料，製作符合使用者需求，適合環境條件的物品與空間，才會有好的品質。

每種材料都有其特性，正確地使用材料和合適的工法，發揮質感的優點，就能製造出兼具美觀且好用的產品。以衣料為例，台灣的氣候較為潮濕，夏天應盡量選用棉、麻、亞麻等涼爽透氣又吸汗的材質，冬季保暖則可以採用天然毛織品或近年來有不錯研發成果的聚酯纖維，更可以依照質料的柔軟硬挺、厚薄粗細等特性做搭配，展現個人風格與品味。

挑戰任務：紙感採集師

根據任務，蒐集居家或校園環境中的各種紙材質感，可利用各種方法達到任務效果。＊請以白色或未經過染色印刷的原色為限。

｜軟的｜硬的｜粗的｜滑的｜
｜蓬鬆的｜扎實的｜強韌的｜

寫下你可以想到的蒐集來源：

與。在限時、計時、報時之下，運用三至五分鐘發想各種紙巾的創意用法，寫在各組小白板上，點子愈多愈好。因為鼓勵天馬行空的想像，各種奇怪的創意都會出現，例如：做面具、當藝術品、上百萬張可當床等等。這時候，老師在引導討論時必須抓緊教學目標，深入追問此創意用途與「質感」之間的關聯。譬如像「上百萬張可當床」真是很有趣的答案，進一步舉例讓他們設想：「如果是上百萬張紙巾疊成的床，和用上百萬張砂紙疊成的床，你會想躺哪一張？為什麼？是因為它們在質感上有什麼樣的差別嗎？」經過廚房紙巾的質感聯想與體驗，學生們對後來經手的各種紙張，都會主動開啟不同的感覺方式，去體察其質感的各種可能性，對於之後的團隊創作「創意紙感燈飾」有莫大的助益。從「不知不覺」、「後知後覺」，行駛到「主動覺知」的路上，提問與引導真是重要的發動鑰匙。

一位曾經連續觀課三週的老師，向我提出有趣的問題：「藝術課不是應該讓學生用藝術來表達自己的想法嗎？但老師的課好像都在團隊分工與討論。」

的確，「用藝術來表達自己的想法」，一直是我努力前進的目標，但是要上路卻得慢慢來。因為我面對的學生目前還不明白「藝術」是什麼，也不懂如何用藝術形式來「表達」，而腦袋裡最缺的就是個人的「想法」。

我對觀課老師解釋，我曾聽過努力在數學課堂創造差異化教學的劉繼文老師如此比喻：一個人呈現渴死狀態時，最需要的是白開水，而不是紅酒。如果「用藝術來表達自己的想法」是滋味美妙的紅酒，但如何先能「自學、思考、表達」，則是在「填鴨／考試」的教學現場中，提供甦醒活絡的白開水。同時，我一向對眼睛所觸及的藝術成果發表感到懷疑，有多少是包裝後的甜美？除非我能看到這些成果背後的過程。讓思考可見，對我而言會更優於成果。但一切，我知道無法一蹴可幾，甚至即使是用三年的灌溉，也不一定得到豐盛的收穫。

教育夥伴常常會用「慢慢來，比較快」來自勉。身為教師，承載著神聖的使命，學生們因為我的課堂，有機會覺察自己的內在、看到更寬廣的世界。這是一份「用生命影響生命」的工作，學生可以感受到我們在課堂上投注熱忱澆灌。即使此時此刻，他們擁有的還是年輕心靈的茫然，只能跟著老師的引領步驟緩慢前行，時而獨自一人惶惶幢幢、時而與同儕友朋叨叨絮絮，但是只要他帶著好奇投入課堂，總會在某個轉角被灑下來的微光所觸動。那微光是什麼呢？又該怎麼呼喚它來到呢？我常常不知道。

我想，我能做的就是在藝術情境中不斷轉動提問之鑰，嘗試開啟思考；敲擊著引導之鐸，匯聚共創力量，和學生們一起走。

4-3 運用設計思考開展課程鷹架

從決心改變教學到逐步實踐調整修改的這幾年下來，學思達教學法五個步驟：「自學、思考、組內討論、學生表達、老師統整」，提供給我的藝術課堂完整的運課操作方法。從分組策略、回饋增強的課堂機制，悉心尋找引起好奇的導入學習素材，再到發展連結學生經驗、促發有感思考的提問設計。這些努力確實能夠驅動學生獲致更有效的素養學習，並在藝術課堂有機會培養面對未來且能帶得走的能力。改變教學雖然不容易，但是，常常聽到教學夥伴彼此互勉：「不用等到很厲害才開始，一旦開始就會變得很厲害。」對老師而言，這些修練功夫是可以刻意練習的，讓自己愈來愈熟稔課堂主持引導的功力。招式可以模仿、肌肉可以鍛鍊，反覆操練之下，漸漸便會找到最適合自己課堂的教學風格。

因此，在不斷調整自己課堂樣貌之際，我深刻的體會到，面對自己的教學，過去身為課堂上唯一壟斷知識與技能的女王，所背負的「知識的詛咒」是多麼沉重。我以為「這樣教，學生就能懂」、「這不用教，學生應該會」……種種的「老師以為」，不正是用自己的理解和觀點來看待課堂上的學生嗎？我們用自己的專業養成來設計課程，殊不知學生缺少同樣的養成經歷，各種疑惑、迷茫眼神，都告訴自己，原來這一切其實是我不夠站在他們的角度思考所有教學內容、鋪陳每個課堂步驟，是身為老師的自己，沒能好好把每個課程鷹架搭建穩固，沒能為他們鋪設足以一步步向上踏穩的學習階梯。

好的課程鷹架，是要考量課堂上各種學生的狀況。手腳敏捷的學生，一步一步順利向上，還能協助團隊夥伴一起往上，老師同時可以提供他們用不同創意達標的機會，增加變化性與挑戰性。當面對速度慢的學生，多增加可以緩緩攀爬的幾個小階，提供他們即使一時踏不穩滑下來，也可以馬上被接住，重新整理心情與姿勢，繼續向前慢慢進步。在這堂課程，不會有人因為跟不上甚至墜落而全盤放棄，一步一步站穩腳步，即使最後因為時間限制，無法達到理想的終點，整體歷程如同參與一場遊戲，就算不能成為唯一的贏家，玩家們也享受了美好的旅程。

「一定要贏嗎？」不，「為自己的全力以赴而喝采！」我盼望學生們可以這麼想。

導入「設計思考」的課程設計

隨著教學年資增長，對課程內容熟悉度愈來愈高，如何不讓自己墜入「知識的詛咒」，在感嘆學生程度一年不如一年的怨懟之間，徒然消磨自己的教學熱忱。轉向認清每個相遇當下的學生都有他的特質與資源，根據學生的學習經驗，拆解課程教學步驟，確實是考驗現場老師的專業修練。「學思達教學法」提供了一套招式拳譜，讓我在不斷刻意練習之後，漸漸摸索出可以因應情勢而靈活變化的外顯功夫，在修習的過程，我得鍛鍊的內功是讓既有的藝術教學內容發展出一套架構課程的脈絡，更貼近學生的需求。也就是說，要想能夠「分段說明、分段示範、分段演練、分段操作、分段核對」，創造微小的成功經驗，在課程設計的拆解，就必須精準的切分在對的段落上。尋尋覓覓，我找到了「設計思考」（Design Thinking）這套流程工具（Tool kit）。

遇見「設計思考」的契機，是在一〇八課綱之前，意外瀏覽了美國ＩＤＥＯ設計公司為教育工作者所架設的網站「Design Thinking for Educators」，可下載一本提供教學場域完整操作的實踐手冊，我深深被其中五階段流程所吸引，後來因為繁體中文版《教育工作者的設計思考實踐手冊》授權出版，讓我對「設計思考」的流程與提問模組，有更進一步的認識。

「設計思考」原來便是幫助設計師發想點子、打造產品與獲致反饋的一套創意思考工作流程。IDEO創辦人之一大衛．凱利（David Kelley）教授也是史丹佛大學著名d.school設計學院創辦人，史丹佛大學因為d.school而成為世界頂尖設計人才養成之翹楚。這套設計師採用的方法被IDEO發展運用於教育場域，協同美國紐約河谷鄉村高中（Riverside Country School）的老師共同研發出這套工具。因為有感於教育工作者在時代劇變下受到史無前例的衝擊和各式各樣的情境挑戰，需要新的解方來面對不同需求。而設計思考正是站在「使用者需求」之角度，尋找創新的解決方案。特色如下：

一、**以人為本：**設計思考始於對使用者的同理心，先看到使用者的問題，理解其行為動機與需求。在教育設計上，正是應對於「以學生為中心」的引導式學習。

二、**合作模式：**多人觀點有益於設計思考，以突破個人觀點的局限，在所有人共創智慧的激盪之下，個人創意也同時提升。

三、**積極正向：**創意性的思考屬於「成長型思維」，不論問題多大、時間多緊、預算多小、限制多嚴，即使力量微小，每個人都能創造改變的機會。

四、反覆測試：設計思考允許失敗，鼓勵從錯誤中學習，根據錯誤進行改良，經由回饋再修改、再測試，不斷反覆這樣的歷程，透過行動來學習。設計思考秉持著永遠相信有新的、更好的可能與做法。

於是，設計思考透過五個步驟流程來運作：「針對目標的探究——整理問題後的解讀——不設限的發想——反覆的原型測試——持續不斷的改良」，這種「危機就是設計良機」的信念，深深打動我。促發我思索，即使學生表現一時不如預期，是否有機會透過課程操作，提供他們可以「再試一次」，獲得測試回饋與調整改良的機會。如果我刻意把這樣的環節放到課程當中，學生是否能就此獲得自信心與成就感，進而看見自己的價值與資源。

在我看來，設計思考強調自發探究、腦力激盪、發散收斂、團隊共創的方式，正與學思達的操作步驟相互呼應，而一〇八藝術領綱在三面九項中的「系統思考與解決問題」，明白寫著從國小到高中階段，建議教師運用設計思考進行藝術實踐，以培養解決問題的素養能力，這些關注點都讓我開始嘗試轉化，形成藝術課程發展的內功修練。

首先是「以終為始」的教學目標設定。思考課程要帶給學生什麼樣的素養和能力，永遠是發展課程的重要定錨點。在評估可使用的時間成本、學生先備經驗、教具資源、課室空間等優勢與限制之後，每個課程都必須把握其焦點核心。設計思考建議我們可以嘗試在課程發想的啟動之初，提出開放性的問題：「課程要怎麼做，才能……？」同時定義自己的成功指標，如何判斷教學的成功與否？在一開始就先思考這些問題，會對我們鋪陳課程鷹架的設計相當有幫助。

我尤其欣賞《教育工作者的設計思考實踐手冊》中，在「設計思考」五階段都搭配一組以學生為本位的開放性問題。以學生為第一人稱，協助在各環節進行自問自答的問題模組，可以幫助老師更具同理心的貼近學生的角度，體察學生學習時的狀態、痛點、突破與成就。跟著這些階段性的問題意識，對整體課程鷹架的想像與架構，就在腦袋中鮮活了起來。

舉例來說，不管哪一個版本的國中小藝術課本，都會介紹素描技法。素描是美術課程的基礎功夫，進行素描課程的第一堂課，是認識與使用最簡便易得的繪圖用具——鉛筆，進行造型輪廓線和明暗立體感的練習。運用B群鉛筆繪出從淺到深的灰階變化，一向都是認識鉛筆與其效果的基礎練習。過去，我會示範如何使用鉛筆，說明不同筆芯的軟硬度、使用力道和排線重疊，可以產生的明暗效果，再讓學生實際操作演練。但是這麼簡單的練習，我都不明白為什麼會有學生做不到？畫不好？深究其因，多是由於學生覺得無感、無趣，用具攜帶也不完備，有人甚至只有帶畫電腦閱卷卡用的 2B 鉛筆就來上課，下筆態度草率敷衍，指定要完成的色階格子草草塗完，交差了事。

我們來看運用「設計思考」的提問模組，如何幫助我們架構上述這一節不甚吸引人的基礎技法課堂，提出解決方案與流程，讓學生感到有挑戰性，卻又可以做得到，投入其中進入有效學習。

「學思達×設計思考」教學設計之一：素描鉛筆的明暗調子

一、教學目標

學會素描鉛筆的使用，以及用鉛筆畫出從淺到深的九階明暗調子變化。

二、課程思考

▼階段一「探究」：我看到問題。該如何處理這個問題？

- 我看到一盒素描鉛筆，它們有什麼不同？

▼階段二「解讀問題」：關於這個問題，我有一些發現。如何解讀我的發現？

・我發現筆芯軟硬不同，畫出來深淺也不同。關於這個發現，如何運用在表現素描明暗調子？

▼階段三「發想」：我看到了改變的機會。我要創造什麼？

・挑戰任務是畫出九個階層從淺到深的明暗調子變化。有哪些方法可以表現？

▼階段四「反覆測試」：我有個好點子。該怎麼實踐點子？

・有沒有其他方法也可以畫出明暗變化？只用三枝不同鉛筆？如果我現在只有一枝鉛筆？

▼階段五「反覆改良」：我又試了不同的做法？該怎麼讓做法變得更好？

・看了別組的做法和老師的示範，怎麼做會比之前的效果更好？

以使用者角度出發的「設計思考」五階段思考點，放在教育場域，其實正是人類再自然不過的學習歷程：看到問題產生好奇，對所發現的問題發展解釋，思考如何回應或解決問題，然後著手試試看，碰到問題再修改，找到令人滿意的解答與做法，形成自身的知識與技能。這樣以學生為中心來思索的課程架構，再搭配起「學思達五步驟」（如二六一頁，表四）的運課操作，內力與外功兼備，整體課程因此鮮明立體。

學思達五步驟的操作，提供自學素材讓學生主動進入「探究」階段，手邊也許會有課本示例與文字說明，而一盒十二枝的B群素描鉛筆也有一些訊息如筆身上刻著2H、H、F、HB、B、2B、3B、4B……英文數字的硬度代號。外包裝鐵盒的裡側與外側也有一些圖像資訊，甚至直接印出灰階調子圖例。如果製作課程講義或學習單，老師也可以在上面補充文字資料，像「F」指的是「fine point」，意指剛剛好可以削尖的基準點，也是從軟（black）到硬（hard）的中間點，或是其他有關製作鉛筆的冷知識或影片。

有的學生不一定有一整盒 B群鉛筆，就請他們蒐集身邊可以找到的鉛筆，像是一般鉛筆多屬於HB，而電腦閱卷填塗專用的是2B。蒐集的歷程本身就是一種發現，也可以有很多很棒的討論。

例如：「生活中常見的鉛筆是哪一種硬度級數？為什麼？段考畫卡為什麼規定用2B？是因為鉛筆石墨筆芯的哪些材質特性嗎？」這樣對於課程的起始討論，可以成為從生活出發而「與己相關」，進而引動好奇的前導活動。

有了蒐集來的HB、2B常見鉛筆，加上老師可準備數量足以供全班使用的 4B

課程	素描鉛筆的明暗調子				
目標	**學會素描鉛筆的使用，以及用鉛筆畫出從淺到深的九階明暗調子變化**				
設計思考	階段一	階段二	階段三	階段四	階段五
	探究	解讀問題	發想	反覆測試	反覆改良
以學生為本的課程思考	我看到一盒素描鉛筆，它們有什麼不同？	我發現筆心軟硬不同，畫出來深淺也不同。關於這個發現，如何運用在表現明暗調子？	挑戰任務是畫出九個階層從淺到深的調子變化。有哪些方法可以表現出來？	有沒有其他的方法，也可以畫出明暗變化？只用三枝不同鉛筆？如果我現在只有一枝鉛筆？	看了別組的作法和老師的示範，怎麼做會比之前的效果更好？
節次	第一節	第一節	第一節	第一節	第二節
課程內容	**觀察素描鉛筆**	**素描灰階效果測試**	**任務挑戰九階明暗變化**	**更多方法**	**最佳方案**
學思達五環	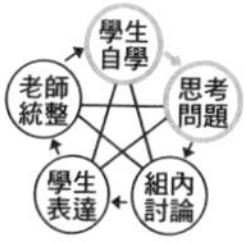		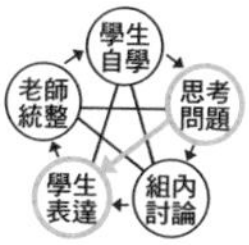		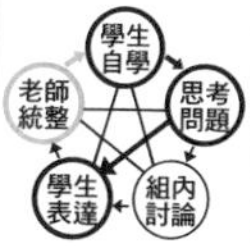
課程操作	**自學：** 觀察手邊的素描鉛筆與課本圖例內容 **提問思考：** 不同鉛筆有何不同？	**提問思考：** 測試各種效果，畫在多格白紙上，分類並解讀自己的發現	**提問思考：** 怎麼畫出九階明暗調子呢？ **個人表達：** 第一次挑戰任務	**提問思考：** 有沒有其他方法呢？ **組內討論：** 互相觀摩、測試，討論如何做出最好的效果 **小組表達：** 指定或推派代表 PK 賽	**老師統整：** 正向回饋與示範 同儕觀摩與老師示範又成為自學素材，思考與表達，找到最佳方案

表四：「學思達 X 設計思考」教學設計之一：素描鉛筆的明暗調子

或6B素描鉛筆，學生便有至少兩到三枝不同軟硬度的鉛筆，可以開始進入發現問題的「探究」和「解讀問題」的學習階段。鼓勵他們動手試著畫畫看。這時候可以提供學生一張有許多空格的大紙（或是自己摺格子，格子的多寡，應根據可操作的時間而定），嘗試發散的測試各種效果，學生們很容易就會發現「筆芯軟硬不同，畫出來的深淺也不同」，找到兩者的關聯性，並與自學階段各種補充資料及知識連結。在老師的提問引導下，讓學生思考針對這些測試出來的效果，如何進行初步的解讀與分類？與筆芯的軟硬度有關？與筆壓的輕重有關？還是……？

用挑戰任務「畫出九階明暗調子」，收斂前面兩階段的探究與解讀。這個環節可以提供學生二、三次挑戰機會，或許第一次無法順利畫出清楚的九個灰階層次，但是這些經驗可以反饋到第二次或第三次的調整，問問自己：「還有其他更好的方法嗎？」於是課程進入第二個小發散期「反覆測試」，運用小組協作機制，進行組內討論，加入團隊其他學習夥伴的實作經驗，互相觀摩、一再測試，討論如何做出最好的效果。在限時之下，指定或是推派代表進行組間的ＰＫ賽，將學習視野從小組再度拓展，看到其他同學的成功經驗。

小組ＰＫ賽之後，老師進行正向回饋與統整，必要的話也可以針對問題進行示範。

我常使用的是實物投影機或是 iPad 即時攝影，直接投影出同學的作品與老師的實際示範，有助於學生立即獲得回饋與改良的方法。於是，同儕間的觀摩與老師的示範和說明，又會成為下一輪的「自學素材」，思考如何修正之前的方法，讓最後的效果更好。在「反覆測試」、「反覆改良」的「做中學」之間，學習內容真正進入學生內在的長期記憶，達成課程最初的教學目標。

「學思達 X 設計思考」教學設計之二：創意紙感燈罩設計

運用「設計思考」五階段的課程設計，配合「學思達教學法」五環運課步驟，學生呈現出來的學習成果往往令我驚嘆。帶著國二學生進行的「紙感不思議——創意紙感燈罩設計」（如二六六頁，表五）是很好的教學經驗，每個小組等同一個有設計總監、客戶總監、美術指導、文案指導等工作角色的設計團隊，整體課堂情境要求學生「像設計師一樣思考」，給予任務目標，先從個人發想，再透過團隊合作開會討論並動手實驗探索。當以長達八節的教學進行課程設計時，讓我們來看看設計思考與學思達的課堂操作如何搭配運用。

一、教學目標

發現生活紙材質感的運用、探索及實驗紙材質感的可能性、選擇及處理紙材質感與光之間的配搭關係。

二、課程思考

▼階段一「探究」：我看到一個問題。該如何處理這個問題？

・我看到生活環境周遭有各種紙材的運用，它們有什麼不同？

・我發現這些紙材有各種質感（軟的、硬的、粗的、滑的、有光澤的……），我可以分辨並分類嗎？它們的質感和使用功能與情境之間，有什麼關聯？

▼階段二「解讀問題」：關於這個問題，我有一些發現。如何解讀我的發現？

・面對單一紙材的質變實驗，我可以用什麼方法產生不同的質感變化（例如：撕、揉、皺、摺、疊、剪、黏、刮、戳……）？

▼階段三「發想」：我看到了改變的機會。我要創造什麼？

・研讀日本建築師隈研吾《擬聲・擬態建築》關於聲響、質感與建築元素的文章，我要如何從質感聲響結合對紙材的實驗成果，找到燈罩製作的創意做法？

▼階段四「反覆測試」：我有個好點子。該怎麼把點子做出來？

・有沒有其他的方法，可以讓做法更簡單、更有效率？

▼階段五「反覆改良」：我又試了不同的做法？該怎麼讓做法變得更好？

・有沒有更適合的紙材，讓質感與光的配搭效果可以更好？

這原先是新開發的美感課程，當初邊做邊嘗試，不知道學生們可以做到什麼程度，經過不斷發想、討論、尋找更佳方案的歷程，模擬設計業界專業程序的引導，讓他們參與「設計想法」、「紙材樣本」、「製作工序」、「材料預估」等考量點，激勵他們用專業態度要求自己。打造2.0作品時，學生們已經升上九年級，即使開始感受排山倒海的升學壓力，參與藝術學思達課堂時卻是熱忱不減。當其他老師都不喜歡上九年級的非考科課程時，我卻因為師生彼此的默契上起課來舒暢無比。經歷這一切完整的設計思考歷程，一起突破舒適圈，看到更多的可能，遇上更多的驚喜。每個小組都產出了令人驚豔的燈罩作品。

當溫暖的燈在冬夜點亮時，我心中的感動難以形容，深深體會到：「只要課程鷹架搭得好，永遠不能小看學生的潛力與創意！」

課程	創意紙感燈罩設計				
目標	**發現生活紙材質感、探索及實驗紙材質感的可能性、選擇及處理紙材與光的配搭關係**				
設計思考	階段一	階段二	階段三	階段四	階段五
	探究	解讀問題	發想	反覆測試	反覆改良
以學生為本的課程思考	我看到生活周遭有各種紙材的運用，我可以分辨並分類嗎？質感和使用功能與情境之間有什麼關聯？	面對單一紙材的質變實驗，我可以用什麼方法產生不同的質感變化？	我要如何從隈研吾「擬聲質感」的發想，結合對紙材的實驗成果，找到燈罩製作的創意做法呢？	有沒有其他方法，可以讓做法更簡單、更有效率？	有沒有更適合的紙材，讓質感與光的配搭效果可以更好？
節次	第一節	第二節	第三～四節	第五～六節	第七～八節
課程內容	**紙感採集師**	**質感實驗室**	**擬聲質感**	**打造原型**	**從原型到作品**
學思達五環					
課程操作	**自學**：觀察小組蒐集的生活紙材 **提問思考**：質感與功能情境之關係？ **組內討論**：分辨分類並命名 **小組表達**：呈現於紙感採集盒，進行全班觀摩及票選 **老師統整**：正向回饋，補充說明	**自學**：回顧上週各組的「紙感採集盒」 **提問思考**：如何用各種不同方式，完成至少三種符合任務質感的變化？ **組內討論**：比較個人實驗結果紙材，辨認其變化程度 **小組表達**：分類、選取並依序排列，黏貼於牛皮紙板 **老師統整**：正向回饋，補充說明	**自學**：建築師隈研吾影片以及《擬聲・擬態建築》圖文資料 **提問思考**：關於這個聲響的描述，解讀建築師的想法 **組內討論**：從個人想法找到團隊共識，搭配圖像資料，寫在白板上 **小組表達**：指定或推派代表報告 **老師統整**：正向回饋，補充說明	**自學**：燈飾設計圖片資料、隈研吾建築圖片 **提問思考**：什麼樣的做法可以符合任務需求？ **個人表達**：呈現個人想法的圖解手稿 **組內討論**：觀摩每個成員的手稿，討論出第一次團隊定稿 **小組表達**：根據定稿打造原型，全班觀摩學習 **老師統整**：正向回饋，補充說明	**自學**：不同紙材樣張的質感研究 **提問思考**：根據第一次的原型，思考效果更好的紙材或做法 **組內討論**：選擇正式紙材，討論出更好的做法、預算、工具，呈現於計畫提案單 **小組表達**：根據提案打造作品，撰寫創作理念，進行全班觀摩及票選 **老師統整**：正向回饋，校內公開展覽

表五：「學思達 X 設計思考」教學設計之二：創意紙感燈罩設計

4-4 走向寬廣場域的視覺表達

從「觀看藝術」到「鍛鍊思考」，從「讓思考可見」到「善用圖像表達」，視覺表達力在現今教育場域已普遍受到重視，所指的不只是「敘事」、「敘思」、「敘理」，還要能夠「敘感」、「敘情」、「敘念」。

如何讓在腦中運作的感知、思維和決定，可以順暢傳遞給對方或社群，與之連結溝通，甚至是對社會發聲與倡議。視覺實踐（visual practice）的力量，已是現代公民不能不修習的一門學問。

我對課程全面改變設計思維的覺察點，是在二〇一七年九月開學第一天，當拿到課表時發現了很大的變化，以往的課程名稱「美術」，全面修改為「視覺藝術」。雖然從開始教書以來，我就沒有再領過「美術」課本，九年一貫課綱之後，國中課本都是「視覺藝術」、「音樂」、「表演藝術」三科合一，但是敝校課表長久以來依然維持「美術」的舊科名，大家也不以為意。在教師研習會場，我也自稱是「美術老師」，推廣的是「美術學思達」。二〇一七年，我已經開始把推展「學思達教學法」運用於美術課堂的實踐當成我個人職志之一，召集成員上千的「新北美術學思達共備社群」，並以「美術學思達」這五個字，獲得兩個「教育 100」獎項（第一屆親子天下「教育創新 100」和第一屆遠見．天下文化教育基金會「未來教育台灣 100」）＊。但是，直到這一天，我認真意識到，原來在我的課表上，「美術」已正式成為歷史名詞。

旋即在二〇一七年九月六日，我將社群名稱更名為「視覺藝術學思達共備社群」，也符應原本定位僅為地區性教師社群，卻因為線上與線下夥伴參與熱絡，來自各地跨校、跨域、跨縣市、跨學層，因而趁更名之際重新定位社群的設定。而對於自己的教學現場，看到當時正處於如火如荼前導推廣時期的一〇八課綱，其所重視之「核心素養」涵義：「是指一個人為適應現在生活及面對未來挑戰，所應具備的知識、能力與態度。強調學習不宜以學科知識及技能為限，而應關注學習與生活的結合，透過實踐力行而彰顯學習者的全人發展。」自此，我更是義無反顧，往如何幫助學生獲致視覺藝術實踐於生活的方向走去。

視覺圖像溝通表達力的重要

現今教育現場極為重視重大議題融入教學與跨域素養課程。跨域素養課程從生活情境與真實現象出發，重視培養學生的感官覺知，從觀察到覺察，蒐集資訊、解讀分析，最後提出有理有力的論證過程。視覺藝術的參與和實踐，絕對可以幫助從提問、探究到解答的完整歷程可視化，不管是想法的呈現、核對、溝通、討論、成型、評估、檢討、測試、改良、發表、推廣等等，藝術都會是互動的有力工具。

北伊利諾大學藝術教育教授凱莉．費德曼（Kerry Fredman）在《教導視覺文化》（*Teaching Visual Culture*）一書論及當代視覺文化的複雜與多元，以文本為基礎的溝通已快速轉變為視覺圖像。作為參與全球文化的重要面向，視覺藝術必須打破單一形式與線性時序的局限，打破疆界的跨域操作，落實於以學生為導向的生活經驗、情感連結與

＊孫菊君老師參選「未來教育台灣 100」的專案介紹
https://reurl.cc/2bO4z4

社會關係。所有的課程都是一段歷程，藉由群體互賴的課堂互動，幫助學生以視覺文化為學習素材，進行詮釋、批判與反思，在感知覺察與認知連結之間，藝術創作是為了能夠與他人溝通和被理解，以成為更好的自己。

最終能成為專職創作藝術家的學生或許鳳毛麟角，甚至能夠從事藝術相關產業的比例也不會很高，但是每個學生都有機會在未來的工作中，因為善於使用視覺表達力，而取得競爭優勢與自我實現。我曾向學生們舉寵物美容師的例子：網友帶自己家柴犬去做寵物美容，交代造型師「簡單」修整一下，讓阿柴看起來「俐落」一點，結果數小時後接回自己的寶貝時簡直快暈倒，一度懷疑是不是牽錯狗，因為，那根本不是原先自家那隻毛髮豐沛的赤黃色柴犬反而像是有鳳眼的白色雪納瑞犬，要等阿柴帥氣的毛都長回來，要花很久的時間。對狗主人來說，這是多麼驚悚的經驗。可見兩人對「簡單」和「俐落」的定義，有十萬八千里的差距。如果在一開始溝通時，造型師便動筆使用圖像來核對雙方的「認知」，落差自然可以大幅降低，主人更可感受到造型師的專業與用心。能肯定的是，主人再也不會帶寶貝去這間不會使用視覺表達力的寵物美容了。

這裡介紹幾個以「視覺表達力」為目標的課程。希望可以提供各領域老師在進行跨科共備時，試著了解藝術老師在課堂進行可視化思考的引導策略，也希望以我的課堂實踐拋磚引玉，提出一些操作的可能性，有機會引動更多藝術老師投入創發更多與跨域素養連結的藝術表達相關課程。

視覺資訊圖表之旅

即使沒有聽過「視覺資訊圖表」（infographic）這個專有名詞，在日常生活我們幾乎隨時都在接觸。這是近年來相當熱門的視覺表達形式，各種事件、議題、宣導的資訊「懶人包」，時時刻刻以各種傳播管道推播到我們眼前。二〇二〇年影響全球的新冠肺炎（COVID-19）流行期間，疫情指揮中心幾乎每日都製作一頁圖卡，通過LINE疾管家、ＩＧ、臉書等各大社群平台，提醒國人各種重要防疫資訊。這樣「一頁圖卡」形式，以吸睛圖像為主，乘載標題式的簡要資訊，既不同於過去我們常見的宣傳海報，也不同於直條圖、圓餅圖、階層圖表、數字報表等生硬商業文書之報表呈現。視覺資訊圖表，將「訊息」與「視覺圖像」結合，讓原本令人抗拒的龐雜數據、流程、理論、文字……透過一目瞭然的「視覺化」設計編排，使人可以在短時間之內迅速理解與記憶。在資訊分散瑣碎且注意力短暫的網路時代，「視覺資訊圖表」成為可以梳理複雜信息及快速傳散流通的熱門傳播方式。

解讀「視覺資訊圖表」是現今媒體識讀的重要環節。藝術課堂如何讓學生體驗「蒐集資訊、分析資訊、歸納資訊、視覺化資訊、表達資訊」的視覺表達歷程，是我現階段想與學生一起探索的疆域。雖然了解「視覺資訊圖表」的重要性，但事實上沒有幾位藝術老師確實知道該怎麼教，所以，我就運用「學思達」方式進行——自學、思考、表達與學生一起探索、一起學習，便會一起得到能量而成長。即使其間會有令人擔心的不確定性，我願意以「成長性思維」去面對錯誤，以「設計思考」的流程來調整與改良。於是，我和學生們在學校課表從「美術」正式轉變成「視覺藝術」的當下，走上「視覺資訊圖表」探險之旅。

一、嘗試與啟動：英雄之旅循環圖

與學生一起啟動的旅程是從連結學生的暑假生活開始。暑假作業的作文對學生而言總是苦差事，不是流水帳式的呈現，便是言不及義沒有重點。但是如果讓他們彼此聊天分享，往往只能泛泛談論：「沒啥特別的」、「就每天耍廢睡到飽打 game 玩到爽」、「都在上暑輔」……暑假生活難道就沒有值得記錄下來的美好回憶嗎？在正式進入視覺資訊圖表的學習之前，我想讓他們體會「用一張圖說故事」的魅力。

TED-Ed有一則「怎麼當英雄？」＊（What makes a hero?）提到神話學家約瑟夫・坎伯（Joseph Campbell）在著作《千面英雄》中描述，所有的英雄神話都有循環公式，稱為「英雄旅程」（Hero's journey），廣泛應用在各種英雄故事類型和戲劇結構，包含：現狀—冒險開始—支援出現—啟程—試煉—任務—危機—獲致寶物—結果—榮歸—新人生—解答—回到現狀。經歷旅程後，英雄即使歸返平凡，也不再是原先的自己，人生因此展開嶄新的一頁，TED影片用非常美好的視覺動畫來呈現循環過程。

使用「英雄旅程」做為自學素材有兩個目的：第一，可以藉由影片內容連結學生的生活，他們觀後寫下：「只要勇於挑戰，克服恐懼，活出自我，人人都是英雄。」藉此回顧過往並打造正向信念，收拾假期心情來面對未來新的啟程；第二，自然是認識這樣的循環圖格式，運用於暑假生活的視覺表達初體驗。以循環圖表現一段旅程、一天經

＊「怎麼當英雄？」動畫影片
https://reurl.cc/9Z9z7a

過、假期前後等等，並配合圖文繪寫，再讓學生們在組內彼此分享喜悅與回饋，充分體會用圖像說故事的好處：更淺顯易懂、聚焦重點、印象深刻，幫助彼此溝通理解。

二、萬物基本形：圖像思考起手式

ＡＩ人工智慧浪潮底下，許多職業因為人工智慧、機器人、大數據與互聯網的發展而備受挑戰，但卻有許多過去難以想像的職業正在竄起。以往長輩告誡學生切勿學藝術，畫畫會餓死，現在有人卻因為善於畫畫而成就專業職涯。「視覺圖像記錄師」是我在這個階段想介紹給學生的新興職業。在YouTube輸入關鍵字，有相當多近年的媒體報導影片介紹這類與視覺藝術密切相關的工作。我用一則新聞報導「四小時能賺十二萬：視覺圖像記錄師 專業畫出一片藍海」*，引起學生對這個目前據說全台只有十多位專業工作者的好奇。影片中兩位視覺圖像記錄師在醫學專業研討會場搭起一片大白紙牆，為整場研習內容留下不同於錄像和文字的圖像記錄，提供與會者另一種視角來參與和回顧。視覺圖像記錄師除了專業的繪圖技巧之外，還必須具備高度的感知力與資訊統整的邏輯力，高專注力與高抗壓力的工作強度，讓他們的專業備受敬重，並獲致更高的報酬收入。雖然不能因此宣稱「畫畫可以賺大錢」，但是視覺的力量在現今各種專業場域確實都受到重視，視覺圖像的參與可以幫助打破思考的框架，提供更有創意的切入點。

類似的影片報導，可以用簡易的ORID提問策略來幫助學生們擷取訊息：O你看到什麼？R你的感覺是？I視覺圖像記錄工作的價值？D可以怎麼運用於生活？

「視覺圖像記錄師」在圖像思考的鍛鍊上，首先是從「萬物基本形」開始。圖像思考與寫實描繪不同，並不需要畫出圖像所有細節，也不需要高超的繪圖能力，所有想畫的事物，都可以運用「圓形」、「方形」、「三角形」、「線」、「點」來開始。

這是美國塗鴉筆記大師麥可・羅德（Mike Rohde）在《直覺式塗鴉筆記》（*The Sketchnote Handbook*）所推廣的方法，打破對繪畫技術的要求——「IDEAS, NOT ART!」（想法為重，而非藝術性！）只要善用「萬物基本形」五個基本元素，畫圖便會變得愉悅簡單好下手。我喜歡這種人人都能做並從中得到成就感的倡議，暫且拋開素描、立體感、透視等專業技巧，幫助學生連結，不用擔心是否完美，盡情用塗塗抹抹表

＊三立新聞台報導「4小時能賺12萬：視覺圖像記錄師 專業畫出一片藍海」影片
https://reurl.cc/a5Dlql

達想法的孩提時期。與其擔心畫不出來而不敢下筆，不如從基本形開始，一步一腳印所累積的小小成功經驗，都會讓這一切愈來愈容易。因此，一開始，我選擇用團隊合作機制來幫助解除下筆的障礙，以一個基本形為班級主題，發想並創建小組隊徽（如表六），接著讓學生從生活周遭小物件開始大量練習，累積自己的視覺圖像圖書館。

三、火柴人的華麗轉身

練習萬物基本形可以解除

任務		說明
1	創作小組隊徽 (團隊挑戰)	每個班級抽籤一個基本圖形：圓形、方形、三角形及箭頭，進行創意發想，經過小組討論與分工，創作專屬基本形隊徽。
2	五種基本形練習 (個人挑戰)	指定生活常見物件，嘗試用萬物基本形來表達。
3	廚房大挑戰 (個人挑戰)	① 播放名廚傑米奧利佛的料理影片，讓學生觀察奧利佛廚房的真實物件與嘗試畫出來。 ② 觀察自家廚房，記錄下廚房用具，並試著用基本形畫出來。

表六：從基本圖形著手，練習下筆，創作小組隊徽

學生們下筆的心理障礙，嘗試用圖像表達身邊的日常物件，不用擔心畫錯或拘泥像不像。接著便是破解學生們害怕畫人物的既有框架。要能夠用視覺圖像傳達資訊，勢必得描述出「人事時地物」等訊息，講求快速畫出人物及姿態。但是大部分人都不願動手畫人物，最常聽到學生心虛的說：「我的程度就停留在『火柴人』！」其實，「火柴人」正是畫人物的起點。

技術的獲致往往從模仿開始。查詢關鍵字「火柴人」影片，很快就發現可以吸引學生目光的學習素材——「火柴人跑酷」遊戲影片。這類2D動作遊戲，由玩家操控身手矯健的火柴人，與他的跑酷同好們一起在各種障礙關卡施展飛簷走壁的跑酷技巧，在奔跑、攀爬、跳躍……之間，火柴人展現各種動作姿態，確實是絕佳「投之所好」素材，每一個學生走進教室目光幾乎都被影片中火柴人各種華麗敏捷的動作所吸引。「火柴人大PK」（如二七八頁，表七）任務有二：①將影片隨機停下來，請學生模仿練習定格的火柴人姿態；②從影片截圖火柴人的跑酷場景，各組組長抽挑戰場景，成員輪流執筆進行車輪戰，在小白板上限時創作火柴人姿態。從個人的刻意練習到團隊共創與支持，在車輪戰的歡樂氛圍中，每個學生都動機高昂的投入火柴人練習。最後老師針對各組的白板產出寫下計分與說明，特別著重在身體比例與關節合理性的姿態理解，並以火柴人為基礎架構，延伸到「矩形人」的練習，為人物增添更多服飾、道具與動作。

四、「視覺資訊圖表」初體驗

充分練習「萬物基本形」和「火柴人」之後，可以開始著手用視覺圖像表達訊息的初體驗了。從生活情境出發最是有感，也更易引起學生們想要嘗試的動機，像是：收拾書包、更換修正帶、洗頭、

	任務	說明
1	八格跳停火柴人 隨意練習 （個人挑戰）	將火柴人跑酷影片隨機停格，讓學生模仿畫下火柴人的動作姿勢。
2	火柴人大 PK 車輪戰 （從個人到團隊挑戰）	① 個人先在學習單的四個場景中，練習三個以上的火柴人。 ② 組長抽籤決定挑戰場景。 ③ 以「藝術家、策展人、美術館長、收藏家」為順序，每人一分鐘輪流執筆，在白板上增添不同姿態的火柴人。 ④ 提示比「多」（數量）也比「好」（準確）。 ⑤ 老師統整各組的白板挑戰，並提示關節與比例長度。
3	進階矩形人 （個人挑戰）	以火柴人為基本架構，從身體、脖子、頭部、雙腿、雙手、臉孔、衣服、道具……增添符合人物身分、動作的細節。

表七：從火柴人到進階矩形人，學習各種畫法與增進熟練度

洗碗、搭帳篷、跑百米、資源回收等程序。在這裡，需要給予的學習素材，是關於呈現完整視覺資訊圖像的構成元素，包含：標題、字體設計、圖表插圖、手寫文字、分割線、箭頭、項目符號、圖標、框框、署名等。在過去的美術課每一項都需要進行步驟明確的正式課程，幫助學生學習各種畫法與精熟，譬如想要寫出好看的手寫字體，應該就得花兩、三節課傳授口訣要領，練習「ＰＯＰ美術字體」技巧。但是，既然教學目標是讓學生可以用視覺圖像傳達自己的想法，字體是否符合美術字的要求，便不是唯一的評量標準，不如給予範例作品開啟他們的眼界，然後讓他們開始動手。我選擇在課堂上努力給予彼此看見的機會，於是，學生們在嘗試過程所得到的反饋，會讓他們發現倘若想要更好的呈現效果，需要有更多進階學習。

整體歷程經過：思考情境內容、整理動作步驟、安排版面形式、圖繪與書寫等，讓想法可視化。視覺表達初體驗即使只是傳達一項行動的步驟順序，所承載的資訊內容也不算多，但是，不管每一個學生先備的繪圖能力如何，都能用自己的方式動手創作。喜歡可愛插畫的學生，可以盡情使用自己喜歡的色彩揮灑，或是使用一枝黑筆與少少的色筆，簡單勾勒出圖像線條，自有不同的風格美感。不精於繪圖的英文小王子大可運用擅長的英文來書寫說明文字，每一張都讓我驚喜。

五、心智圖與雷達圖

要能透過生活資訊可視化的操作，化為具說明性的視覺圖像呈現，需要更多資訊內容的整理經驗與圖表運用。

我用插畫家詹姆士‧漢考克（James Gulliver Hancock）《50位當代名人與他們的那些小東西》的插圖與維基百科等相關小傳文字為學習素材，讓學生學習把龐雜的名人傳記資料，用「心智圖」（mind map）的形式整理出來，並運用輔導課常用的「多元智能量表測驗」，試著解析名人在「語言文字」、「視覺空間」、「身體律動」、「人際社交」、「數學邏輯」、「音樂律動」、「內省自省」、「自然觀察」等八項多元智能上的表現，化成「雷達圖」（radar chart）（如二八一頁，圖四）。

學生對「雷達圖」並不陌生，在許多電玩攻略或動漫卡牌上，常常都是以雷達圖來呈現遊戲人物的攻擊、防禦力等資訊。

單從文字資料的理解，學生當然無法全面了解名人的所有面向，這裡需要經由更多的好奇想像及團隊討論，歸類資訊層級，訂出主標題及副標題，製作名人心智圖，共同來完成名人的雷達圖與心智圖。而這樣共創的經驗，最後再回到學生個人的多元智能解

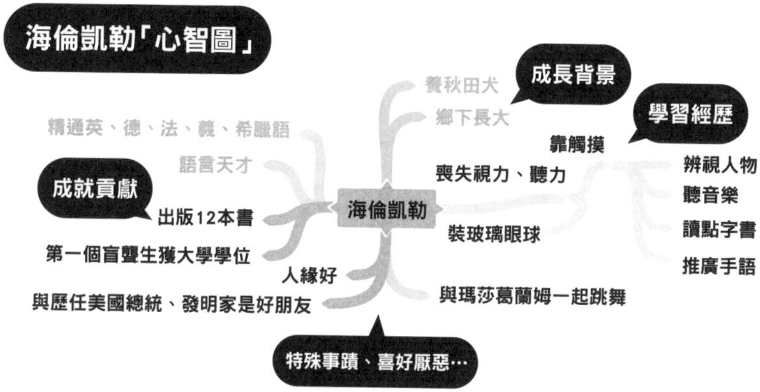

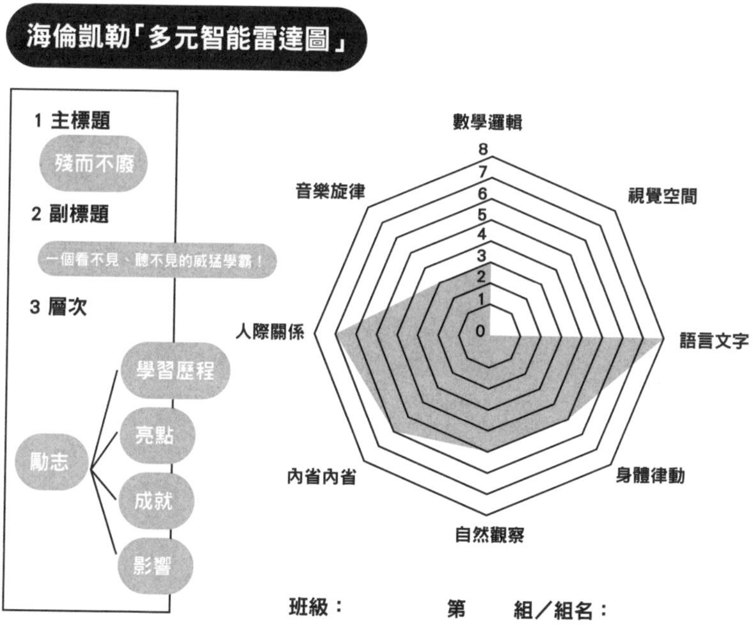

圖四：以海倫凱勒為例，製作心智圖與雷達圖的練習成果

析、雷達圖與心智圖的製作。

六、說說我自己（infographic myself）

對於過去藝術課程甚少提及的學習面向，現在我已經不會害怕，因為網路上有豐富的教學資源，只要多一點敏銳與觸及，不時便遇上靈感燈泡亮起的激動與興奮。

我的目標是希望學生創建可以表達個人優勢與愛好的視覺資訊圖表。從心智圖開始的引導就是全新的挑戰。對龐大資訊進行歸類，提取上位概念，對學生來說是極為珍貴的素養學習，也是能產出視覺資訊圖表的重要能力。雖然有很多學生在國小時期有機會接觸，但依然有許多人不了解如何下筆。前一階段的名人心智圖和雷達圖，都是我嘗試給予的學習鷹架。我爬梳了許多相關書籍，希望能把心智圖在因果、大小、前後等邏輯思考關係，轉化為學生更易吸收的課程。同時，我也需要更多的範例，來豐富學生的視野與想像。我相信，即使面對未知與未定，我對學思達的信念，對終身學習的執著，必定可以幫助學生和我一起發現與探索。

課程進行間，適逢「第一屆台灣心智圖錦標賽」舉辦，初賽題目便是「自我介紹」！剛好做為絕佳的實境自學機會，利用錦標賽網站資訊與介紹示範影片等學習素材，小組共同討論，讓學生以評審的角度思索怎麼樣的呈現方式才是一幅好的「心智圖」：

問題一：心智圖大賽的評分重點有哪些？

回　答：清楚明瞭呈現：邏輯思考、重點思考、繪製技術、圖像色彩、創意表達。

問題二：如果你是「最佳人氣獎」的網路票選評審，你最重視的「按讚」點是？

回　答：重點是否清楚，表達是否有創意，圖像多彩吸睛，漂亮精緻。

問題三：如何畫出有邏輯架構的心智圖？

回　答：主圖放中間，類別分色延伸，使用圖像、文字、箭頭、線條、色彩，表現大小關係、因果關係、前後關係。

問題四：如果你是大師級「專業評審」，你最重視的「給分」點會是什麼？

回　答：圖像色彩簡單明瞭，內容是否有邏輯，創意架構清楚。

自我探索與認同往往是青春期最重要的事，因為在乎別人的眼光與評價，學生們對自己缺點的覺察多於優點。在創作自己的心智圖之前，我讓學生先發想十點「我心目中的自己」，再讓五位同學幫他寫下正向的「別人眼中的自己」並簽名。有一個學生眼中的自己淨是：害怕失敗、在意他人眼光、膽小、內向、缺乏自信，但是他的同學卻寫下：聰明、有禮貌、負責任、可靠、英文好，而同學與他自己都寫了「溫柔」這個特質。我在旁默默觀察著教室裡熱烈的情感流動，看到很多學生發現別人給他的正面評價都流露出欣喜的神情。產出的那一張張介紹自己的心智圖，乘載著別人與自己的欣賞，這是一堂有溫度的藝術課。

現在，學生們手邊都有各自的「多元智能測驗量表」、「雷達圖」、「心智圖」，用萬物基本形畫下的「我與我的小東西」圖像資料庫，可以開始正式著手創作自己的視覺資訊圖表。版式構圖是接下來的自學重點，網路上相當多「視覺資訊圖表」的資源，我選擇單一主題，讓學生分析其間的不同構成表現。蘋果創辦人賈伯斯便是非常好的選擇：第一，以單一主角人物為主，可以應對到學生之後發展個人視覺資訊圖表的創作進行；第二，可以找到大量的賈伯斯素材，學生可以充分辨析當中多樣性的豐富表現，刺激思考、擴大視野。讓學生們以方格紙開始製作1.0版本，利於格線與圖框之構成邏輯的思考與呈現。

學生所經歷的正是「設計思考」的歷程（如二八五頁，表八）。蒐集與自己相關的大量資料、用圖表整理與歸類，發現自己的特質與優勢，收斂有意義的資訊面向，發想

	個人挑戰任務	說明
1	我的心智圖	① 介紹「全國心智圖錦標賽」評審指標。 ② 自學「心智圖」相關教學影片，歸納重點，討論與發表。 ③ 針對「心智圖」邏輯關係進行練習。 ④「心智圖」初步發展與「我與我的小東西」圖像手繪。 ⑤ 發展個人「多元智能圖測驗量表」分析優勢向度，製作個人「多元智能雷達圖」。 ⑥ 訂出主標題及副標題，製作個人「心智圖」。
2	infographic 版式分析 探究解讀階段	① 學習美感「構成」原則：對稱、平衡、主從關係，運用格線的分割邏輯及組合方式。 ② 研究賈伯斯 infographic 圖表之構成版式。
3	infographic myself 1.0 原型階段	綜合整理個人「多元智能測驗量表」、「雷達圖」、「心智圖」等資訊，經過對賈伯斯資訊圖表的構成版式之分析，進行個人作品的落版構圖。
4	Infographic myself 2.0 改良階段	① 運用「設計思考」流程，分享自己的底稿原型並獲致意見回饋，進行第二版改良策略思考。 ② 進行第二版修改，注意整體構成平衡與圖文主從關係。

表八：由淺入深，練習製作具創意、邏輯、清晰的視覺資訊圖表步驟分解

用什麼樣的版式構成來呈現，打造1.0版本原型。「設計思考」的最後一階段「反覆測試」所要問的問題是：「該怎麼做會更好？」透過同學相互回饋與建議，再進行第二版的思考，改良之後呈現出的2.0版本效果更好了。

這一趟視覺資訊探索之旅，並不是短短幾堂課就可以完成，整個專題探究的過程包含了萬物基本形的造型練習、認識視覺圖像記錄師的工作職涯、體會視覺傳達的力量、資料解讀與作品鑑賞、心智圖與雷達圖等圖表運用、美術字體與版式構成、設計思考理念的認識體驗與反思改良……一個一個小單元，歷程從八年級延伸到九年級，伴隨著學生經歷青春期的動盪變化與自我追尋，我將之視為一趟「英雄之旅」。

每個學生都是我心目中勇敢的英雄。

4-5 情境教學入課堂，素養帶著走

一〇八課綱施行之後，教育圈最夯的關鍵詞是「素養」，而伴隨而來的，令所有親師生和社會大眾都密切關注的，正是「素養考題」。當考招制度將升學紙筆測驗的考題方向，引往亟須閱讀理解與判斷能力的長篇題幹行文，內容取材自日常生活情境的各種時事、議題、食衣住行育樂等相關資訊與圖表，或是學術探究歷程可能遭遇的問題情境之時，課程思維與教學形式勢必大幅改變。素養導向試題的目的是為了引導素養導向的教學，而素養導向教學的目的自然是為了培養核心素養。

為了向教師與民眾解釋素養考題，教育部頒布的「素養導向紙筆測驗相關疑義」說明之所以將評量導向素養考題，正是為了透過「問題情境」，讓學生了解所學與生活、職涯發展的關係，讓學生體會到學習是有用的，進而提升學習興趣與成效；況且「處理複雜訊息」正是因應未來世界的重要能力，真實世界的訊息，在數位網路時代更是紛亂混雜。面對種種未過濾的資訊，如何判斷重要資訊、篩選正確訊息以解決問題，使得教與學的方式不得不改變！

所有納入升學紙筆測驗的學科領域，無不因為素養考題而衝擊著慣行教學方式。身為不用考試的藝能科老師，我卻認為為了強化學生對生活情境的經驗與連結，藝術教師更應關注素養考題的取向，並在教學現場給予學生更積極的支持。因為對藝能科來說，我們在課程設計的開放與自主，更容易將「生活情境」帶入課堂，布建多文化的學習舞台，讓學生可以充分透過問題情境脈絡，培養跨域通用能力，如前述的4C能力（批判思考、溝通表達、團隊協作、創意創新）。

我的藝術學思達課堂，自從以藝術職涯角色任務取向的分組模式，進行團隊互動共創之後，幾乎每個課程都往情境方向取材設計。藉由不同的工作內容，讓學生有機會「像X一樣思考」，「X」有可能是藝術家、策展人、美術館長、收藏家，或是客戶總監、創意總監、藝術指導、文案指導。如前章所述，學生們先了解各角色之工作取向後，根據自己的個人特質填寫志願，轉換身分以角色位置進行思考，練習在團隊中與他人共事；當然教師也盡力在課程中，提供學生探索不同角色工作的機會，在學習階段嘗試不同思維方式，進一步探索自己的個人特質與優勢能力。

特別是學生的自學動機與能力尚在培養當中，藉由團隊任務的拆解，可以有效減少學生的認知負荷，幫助專注於相對單純的學習內容，再運用「拼圖法」，將個別組員的學習與理解，透過小組內分享心得、討論激盪的方式融會整合。學生會因為自己的努力成果，成為團隊貢獻的一分子而提升自信心與價值感，同時也可以凝煉出比個人認知更有能量的群體智慧，並因為協作共創模式，磨練人際溝通、情商與表達的經驗值。這些跨域通用的能力，正是身處社會上任何一個成功工作團隊所必備，在生活情境實踐力行的「素養」。

從廣告產業出發的媒體識讀之旅

在 YouTube 上可搜尋到的廣告短片，常常可以成為引起學生好奇與討論熱度的導入自學素材。這幾年泰國的廣告創意深為世人矚目，活躍於世界各大廣告節舞台與頻頻獲得國際創意獎項。泰國廣告的特色風格，包含：①貼近日常生活真實情境，②故事真誠傳達豐富情感，③具有自嘲、笑中帶淚的獨特泰式幽默。

延續「廣告設計產業」的分組，想找一則創意廣告進行分析，使學生認識設計工作職涯與廣告創意之發想、生成與意涵。這時候，在臉書朋友圈瘋傳的「泰國菜市場攤商包租婆」＊廣告進入我的「珍藏項目」。最早是從社會科老師，特別是公民老師的臉書貼文，分享以這則廣告帶學生認識「媒體識讀」與「網路霸凌」事件。

廣告一開頭，威風凜凜的霸氣包租婆帶著兩個小嘍囉巡視菜市場，對每個攤商小老闆頤指氣使強收租金，百般刁難甚至盛氣凌人，所有人都看不下去，現場有人用手機錄下包租婆欺壓弱勢的影片上傳網路，隨即在網路瘋傳甚至肉搜，在螢幕另一端的大眾開始紛紛留言抵制與怒罵，網路譴責聲浪排山倒海而來……

社會科老師運用這樣有感的廣告影片，必定讓學生印象深刻。我看到郭進成老師先播放影片上半段，請學生使用便利貼，如同網友留言一般也寫下自己的留言，貼在黑板上讓大家瀏覽按讚加一，接著再繼續播放下半段，運用ORID提問：「你看到了什麼？有何發現？菜市場包租婆是什麼樣的人？你剛剛的便利貼意味著什麼？日常生活、同學相處有沒有類似的情況，你可以怎麼做？」

廣告下半段揭露的是，包租婆其實是個面惡心善的大好人，這些攤商都是社會底層的弱勢，包租婆用極低甚至是倒貼的價格收取低廉租金，並照顧著大家的生活，注意菜市場的衛生狀況與秤重的公平性。面對無數網民的酸言酸語，包租婆依然堅定意志：「一切一樣照舊！」

我想學生一定相當震撼，再看到自己剛剛寫下可能像影片中網民一樣的辱罵言詞，那種在情感上的反思震盪必定非常強烈。進成老師最後收斂至學生的日常生活和同儕相處境況，學生必定清楚明白在下任何判斷之前，必須明察資訊來源與背後真相的真確性，三思而後行，做個明辨是非的成熟公民。這樣的課程操作令人不禁拍案叫絕。

我喜歡這個廣告的創意、笑點、運鏡、色調、背景音樂與戲劇性，但是在藝術課堂的討論，必定得與社會課堂有所不同。藝術科有其學科本質，倘若老師的關注點只是在引導學生探討「網路霸凌」，相信社會科、輔導科，或是該班級導師，絕對會做得比我們更好。這也是在重視跨領域教學與議題探討的新課綱底下，老師們必須注意的部分。我們並不是為議題而教學，而是如何通過對議題素材的討論，運用各科的學科思維，

*「泰國菜市場攤商包租婆」廣告影片
https://reurl.cc/o93zWD

協助學生「理解與解決真實情境脈絡中的問題」。

幸運的是，我搜尋到的「泰國包租婆」版本，在影片的最後，浮現出廣告贊助商的logo，充分引起我的好奇心。開始思考這樣的廣告是誰出資拍攝？任何廣告都有其訊息傳遞的目的，都是市場行銷的一環，為了引發產品或是服務的消費購買行為，即使是不帶商業利益的形象廣告或是公益廣告，也是為了溝通訊息與促進理念的認識及傳播。這樣從廣告定義之立場所發現的問題，拉開了情境課程的切入口。

答案是 7-11。

影片後面出現超商 7-11 的 logo，以及「CPALL」字樣，而透過 Google 搜尋找到解答，「CPALL」就是泰國「正大集團」流通事業群，也就是泰國 7-11 的母公司。由 7-11 出資拍攝這樣的廣告，背後的緣由、想傳達的訊息就變得清晰合理。特別是泰國 7-11 的品牌精神，更重視「與鄰為善」，他們與台灣 7-11 的情況不同，允許一般攤販在超商門口擺攤，和攤販和睦相處彼此共好。這樣的廣告內涵，經過設計創意的理解，除了表面上關於「媒體識讀」與「網路霸凌」，也為「泰國包租婆」廣告影片提供了更進一步的維度。我決定用廣告團隊的產業分工，帶領學生一起探討這則成功的廣告短片。

學生已經充分理解所屬廣告產業角色的工作任務，「客戶總監」的任務是與客戶充分溝通，得知客戶拍攝廣告的取向，努力理解客戶的需求，而客戶的陳述或許往往發散抽象，「客戶總監」將這一切帶回工作團隊，由「創意總監」主持會議，兩人和「藝術指導」和「文案指導」等團隊成員一起發想，嘗試聚焦，提出方案，形成初步提案。提案，往往得準備二到三項供客戶選擇，如果客戶完全不喜歡，就只能打掉重練，再次開會討論與發想新提案。

我跟學生們宣布，廣告設計團隊甫成軍，最好的變強方式就是研究優秀的廣告作品，舉凡故事取材、人物形象、情節轉折、拍攝手法、對白設計、背景配樂……等等，如何符應客戶的需求，傳遞訊息與形成價值，讓我們「當一回專業的廣告人！」

在看影片之前，我分別用ORI設計了四個問題（如二九五頁，圖五）希望各組最後可以回應這些問題：

O（客觀層次）問題一：請形容包租婆的長相、個性、特別之處？

R（反應層次）問題二：廣告中哪一個畫面讓你印象深刻？

R（反應層次）問題三：說出一個關於你的感受的形容詞。為什麼？你想到什麼相關的經驗？

I（詮釋層次）問題四：你覺得 7-11 超商為什麼要拍這樣的廣告？

學生看完影片之後，必須給予相應鷹架來幫助他們進入思考，整合看到聽到的內容，連結自己的經驗與感受，進行比較、對照與推論，形成自己的見解與詮釋、省思與批判。這個歷程就像是 PISA 閱讀素養：「擷取訊息、統整解釋、省思評鑑」。在藝術課堂，除了靜態平面圖像或文本之外，運用影片成為自學素材相當普遍，但是在注意力稀缺的時代，要讓他們打開所有感知，擷取影片中各方面的立體資訊，對成人來說都相當不容易了，何況是學生！

運用廣告設計團隊的工作情境帶入學習，已可相對有效的提高學生的學習動機，但是要協助他們進行對廣告影片訊息的細節觀察與有效解讀，老師可以善用現實工作團隊的任務分配，將「擷取訊息」面向予以拆解，由身負不同角色任務的組員進行個別記錄，再進入團隊內一起分享與交流，形成共識與產出，真正符合「個個有事做，人人有價值」的期待。

2018 視覺藝術／美術學思達 中和國中 孫菊君 編寫

當一回專業的廣告人

問題一：請形容包租婆的長相、個性、特別之處。

問題二：廣告中哪一個畫面讓你印象深刻？

泰國包租婆廣告／用智慧看見那些看不見的事
https://www.youtube.com/watch?v=WNHCc1DWFBs

問題三：說出一個關於你的感受的形容詞。為什麼？你想到什麼相關的經驗？

藝術指導
Art Director
(　　　)

創意總監
Creative Director
(　　　)

問題四：你覺得 7-11 超商為什麼要拍這樣的廣告？

文案指導
Copy Writer
(　　　)

客戶總監
Account Supervisor
(　　　)

圖五：以 ORI 設計的提問

我所給予的任務模式拆解如下（如二九七頁，圖六）：主責創意發想與整合的「創意總監」負責全面性理解這部影片的「創意轉折點」在哪裡？負責繪圖美編的「藝術指導」工作是畫下包租婆的形象，以及印象最深刻的畫面；負責文字資訊產出的「文案指導」關注廣告中的對白設計與金句標語（slogan）；最後所有訊息整合到負責溝通傳達的「客戶總監」身上，代表團隊回應課程的關鍵問題：「7-11 超商為什麼要拍這樣的廣告？」

在課堂上要促成這樣的工作狀態，並因為學生的記錄與想法可以「可視化」，而得以在時間成本壓縮的操作條件之下，形成順暢的思考、討論到表達的合作模式，便考驗著學思達老師的主持引導能力，這一切都需要經過設計。我採用的是「便利貼」法，讓有不同工作任務的學生，將自己的觀察記錄在不同顏色與大小的便利貼，再一起貼在整組的大張紙上面，便於想法的交流與整合。

其中甚至還有「祕密任務」，單獨把「客戶總監」調出團隊來認領任務，給他們一張印有奧斯卡金像獎的獎項清單，包含：最佳導演獎、最佳主角獎、最佳配角獎、最佳劇本獎、最佳攝影獎、最佳視覺效果獎、最佳剪輯獎、最佳配樂獎、最佳服裝設計獎、最佳化妝獎等等，再請客戶總監回去傳達另一個關鍵問題：「假設你們是獎項的評審團，你們會頒給這支廣告什麼樣的獎項？為什麼？」

客戶總監有時會是團隊裡學習較弱勢的人，或許在團隊中的參與度不高、較為被動，但是一旦請他單獨出來接受老師的委託，並負擔回去告知全組任務內容時，受到重視且委以重任的客戶總監，往往可以轉化成為主動姿態，提高學習的參與性與專注度。這在一開始分配便利貼時，就可以發揮將課堂分組合作類比成廣告產業工作情境的好處，邀請客戶總監上前聽取客戶（也就是老師）的需求和指示，領取便利貼與畫具畫紙後返回分發。老師的檢核也可以相當即時迅

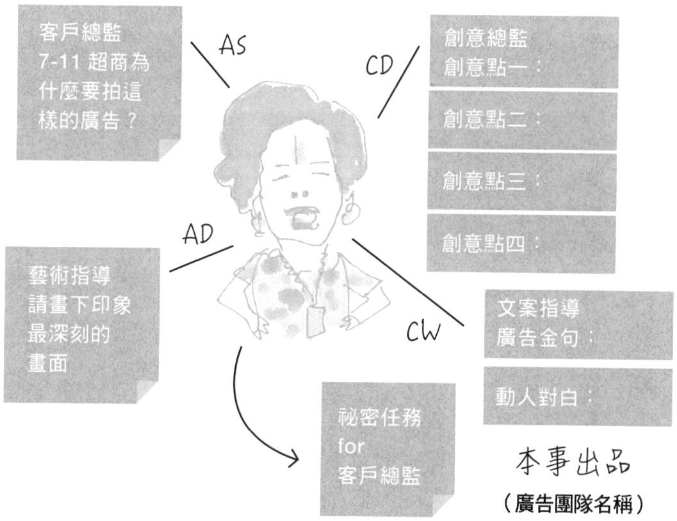

圖六：創意廣告任務模式拆解

速，只要團隊裡每一個角色領取正確的便利貼和用具就定位，最快組別馬上舉手齊呼「第○組，完成了！」，便可以團隊的合拍默契與專注度，爭取額外的加分。

當然，有些組別的客戶總監或許因為能力較弱，連分配工作或是訊息都傳達不準確時，可由創意總監或其他任一位組員與客戶總監再次偕同前往客戶（老師）處確認工作內容。我會告知學生，如果客戶總監在聽取客戶意見後，隔天再度請公司夥伴私下與客戶確認需求或進一步的資訊，客戶會覺得備受提案團隊的重視，贏得好感與信任感。但是，如果一直傳達不清，一而再、再而三的來電或來信確認，客戶反而會覺得不被重視與理解，轉而對這家設計公司留下壞印象。所以，向客戶確認訊息這件事，只能運用一次，各組來向老師詢問的機會也就以一次為限。再一次將課堂合作狀況連結社會工作情境，會讓學生相當有感，認同而投入。

明白自己所屬的任務之後，影片播放第一次，大家專注在影片中擷取任務訊息，第二次開始在便利貼填寫，接著影片靜音循環播放，各組開始將便利貼組合在大張紙上，相互觀看與討論，形成客戶總監要代表報告的小組答案：頒發獎項與客戶的拍片目的。在「拼圖法」協力共創之下，學生對影片的觀察相當細緻且有感。

課程的情境式設計，可以幫助學生們投入。我曾在許多不同學校對初次見面的國中、高中學生公開教授「做一回專業的廣告人」這個課程，學生們的反應以及表達內容的深刻，都令在現場觀課的老師感到驚喜。過程中我並沒有刻意引導影片意涵的走向，但是，當學生們以各自擔當角色的觀看角度來分析這部廣告時，常常能夠達到深刻的思考與交流。

後記
念念不忘，必有迴響

週一的「夜間咖啡館」

一切故事，要從中和「大璞人文咖啡」的吧檯開始說起。

「誒——玄文，我看人家別的領域都在辦跨校共備耶，我們要不要也來組一個美術老師的學思達共備社群？讓附近更多老師可以來跟我們一起討論，如何？」坐在吧檯高腳椅上，腳還晃來晃去的我，邊滑著手機邊隨興這麼說。

「好，現在就來弄！」坐在另一張咖啡桌邊的玄文老師，立刻回應。

於是我開始在臉書上建立社團，五分鐘就搞定。「誒，用好了耶，訂個時間來聚會吧！就拗老闆用大璞二樓……」

吧檯內的大璞老闆苦笑著：「場地是可以贊助啦，但是來的人要跟客人一樣，低消一杯飲品喔。」

這位江玄文老師，是我的前同事，前一個學期在中和國中服務擔任代課老師，因為敝校不再開出美術教師缺額，她只好另覓他處，在附近的積穗國中代課。二〇一五年九月，我們是台灣唯二的美術科開放教室老師。

所謂開放觀課的教室，跟現在一〇八課綱要求下體制內學校的觀議課有所不同。我們把自己的課表放上網路公開，附上「觀課須知事項」，只要在不影響學校既定行事，課表上公告的時段和班級，歡迎有興趣於學思達教學的教育夥伴，都可以入班觀課與交流，模式跟張輝誠老師一樣。當時，我參考輝誠的觀課須知格式，改寫成自己的版本，並在請示校長後貼上網路公告，在二〇一五年三月正式接受各界人士的申請，來的人有各階層教師、畫室老師、師培生、研究生、海外教育參訪團、自學家長、體制外高中生，甚至是家長，成為第一間美術科開放教室。

當時我也邀請同辦公室的玄文老師前來觀課。玄文是很認真的年輕老師，但有一天，她在辦公室被學生氣哭了，同事們都急忙安慰著她，七嘴八舌道著誰沒被學生氣哭過，經驗老到就不會再哭了，是歲月換來的修為。我知道她是很願意學習的老師，便熱忱的跟她分享我在學思達教學的經驗，鼓勵她也可以先改良課堂的分組機制，提升學生的學習動機與參與度。而玄文她聽進去了，立馬著手開始執行，拿著我分享關於草間彌生的課程，也在她的班級嘗試起學思達教學，我們在辦公室總是熱烈討論著改變後的課堂風景，不久玄文老師也在網路上公開課表，加入開放觀課教師的行列。後來她到了積穗國中，依然願意開放教室，積穗國中是新北市分組合作學習的重點推行學校，自然很歡迎玄文老師的學思達課堂，給予教室硬體的支持，我去了好多次觀課，確實比敝校給的支援力道更大。

我們兩人一有空就聚集在大璞人文咖啡討論課程，這樣的交流太受用了，是我在學校領域教學會議或是辦公室對話場域，都難以觸及的深刻。在那個校內外教師共備社群的風氣尚未盛行的時候，我們彼此都感受到教學夥伴的重要性，也珍惜著這樣的交流機會，即使我們只能利用課餘或假日。討論課程的對話經驗太美好，因此，我們起心動念著，如果可以號召附近地區（中永和、板橋區）的美術老師一起來共備，豈不是更可凝聚能量，激盪火花，把我們藉由教學改變而帶來的美好，感染給更多老師來改變沉滯不前的課堂樣貌，讓更多學生可以因藝術課而受惠。

就這樣，二〇一五年十月五日週一的晚間，我們召開了「新北美術學思達共備社群」的第一次實體聚會。很幸運的，來了一些老師，主要是積穗國中因為分組合作學習而有興趣的老師們願意就近來參與。自此，以一個月一次的頻率為原則，實體聚會一次又一次的召開著，我們稱之為週一的「夜間咖啡館」共備時間。

以熱血結合的共備社群

這個共備社群在教育現場真的很不典型，我個人因為拙於行政事務，一開始就不打算申請任何學校端的經費，真的只是靠著一股熱血，沒有講師費、主持費，由我和玄文老師無償的輪流分享我們的課堂實踐，而參與夥伴沒有研習時數核予，也沒有誤餐費、車馬費補助，自費交通前來，還得符合咖啡館的最低消費。事實上，我也是「私器公用」，咖啡館老闆是我先生，支持我免付場地費。為了擔心因為舉辦共備聚會而影響咖啡館的日常生意，因此，以最不影響咖啡館營運為考量，我們選擇週一的晚間，但是，我們的共備討論往往欲罷不能而超時很多，原本九點應該要結束，到了十點卻還很熱烈，老闆也只能陪著我們延後打烊收店時間。

線下聚會的心得分享貼文推播著線上互動的活絡，許多夥伴開始分享自己的課堂風景與教學歷程，愈來愈多老師注意到這個專門討論美術學思達的社群。最先前來的夥伴大約十位不到，漸漸的人數愈來愈多，而且不只是附近新北與台北的老師，開始有來自桃園、中壢、新竹、基隆，甚至台中的老師，在下班後趕來夜間咖啡館參與，每次結束送大家走之後，轉換身分回到老闆娘的我，還得捲起袖子來打掃廁所。清掃完之後，看著這個剛剛為那麼多熱血老師服務的廁所，我都很感動，因為有夥伴的熱血參與，支持著我無償繼續辦著這個共備聚會。後來輝誠老師知道我自費辦理社群，用學思達後援會的經費支持社群運作，我終於有錢可以邀請其他講師前來分享，夥伴們也不再需要一定得符合低消，反而因咖啡館可以提供熱騰騰的有機紅茶和小點心，讓來不及用晚餐的夥伴可以墊一下肚子。

由於場地空間的設定，最多可容納二十五位夥伴，所以二〇一七年以來的共備聚會，幾乎都呈現報名秒殺的狀況，聲勢愈來愈壯大。社群的與會成員，打破任教學科、學層、所在地區、個人身分等教育現場的框架與隔閡，有正式、代理、兼課老師及師培生；有國中、國小、高中、高職老師，大學教授、學齡前老師、畫室才藝班老師、自學家長等；有公立學校老師，也有私校老師；以視覺藝術科為主，卻也有音樂科、表演科、輔導科，甚至地理科、自然科、數學科、語文科老師共襄盛舉。於是，這個原本定位為地區性教師社群的「新北美術學思達共備社群」，因線上及線下參與夥伴來自全台各地，真正跨校跨域跨縣市跨學層，所以於二〇一七年九月，決定更名為「視覺藝術學思達共備社群」。印象很深刻的是第十九次（二〇一八〇一二八）及第二十次（二〇一八〇二〇三）共備聚會是在寒假期間舉辦，但適逢北部寒流來襲，天氣極為濕冷，卻有來自台南、高雄、花蓮、台東的老師特地前來赴會，共備夥伴們的熱情實在沒有上限。

我常常在想，到底是什麼力量讓這一群渴望改變的老師，熱血共聚於課後的夜間咖啡館呢？這股由第一線教學現場老師自發啟動的草根力量，吸引著更多老師，排除時空限制，摒除庶事雜務，不需任何官方的獎勵與補助，彼此感染互相支持，討論解決課堂的各項難點。大家真摯的感受澎拜熱血，尋回志業初衷，帶回教學現場滿滿能量，進而發動教學改革，得到與學生互動的無比滿足，那正是身為一個教師在自我價值實踐上最大的肯定。

分享互動，並肩向前

體制內的教育現場，從各種形式的例行性增能研習到領域教學研究會議，教師社群彼此的支持力量是薄弱甚至徒具形式的，許多老師都十分渴望與其他夥伴討論自己的課堂與教學，但「鄉愿」或是「相輕」的校園文化及環境氛圍，往往無法提供真誠的共備與支持，當被規定或指派的觀課議課，被帶著評鑑的眼光加以檢視時，只是造成老師們莫大的壓力。大部分老師都跟我一樣，在喧囂的校園裡走著，心境卻是孤獨。

不諱言，要維持一個長久經營的社群，必須要有願意付出的靈魂人物，我很榮幸可以在翻轉教育風起雲湧的時間點，成為召集者與聯繫者，一貫的真誠且無私付出的心，相信感染了每位與會老師。每次聚會我會鄭重請老師們自我介紹，拉近彼此距離，每位老師在這裡是被接納的、受重視的。夥伴們願意持續回流，且不遠千里而來，相信社群內提供的各種與時俱進的專業知能，對他們是饒富意義且深切受用。從最初以我個人主講，到獲得經費挹注後，得以邀請各地講師前來分享，到後來邀請社群夥伴上台短講，分享教學好點子，激發更多互動機會，大家持續進步一起向前。

在這期間，謝謝玄文老師最初跟我一起打拚（後來玄文轉換跑道，投身體制外教育），沒有她，我一個人不可能有能量按下啟動鈕。當然最感謝的，是後來一直支持我共同經營藝術學思達社群，並主力規劃師培課程的中山女中黎曉鵑老師。曉鵑老師是「學思達牌卡」的原創設計者，以縝密心思和設計專長，一手整理起這龐大的學思達五環系統，將其化身為可視化牌卡，成為有志於學思達教學的入門好工具。她所規劃的藝術學思達工作坊脈絡清晰、架構扎實，讓學思達在藝術領域的運用，有了突破性的進展，並且念茲在茲，支持夥伴有更多分享舞台，真正把藝術學思達的影響力擴散出去。

許多最初參與社群的元老級夥伴，都願意將自身的感動與能量，轉化並感染更多老師。新竹縣東興國中的杜心如老師，以新竹縣藝術領域國教輔導團兼任專輔的身分，第一次前來大璞夜間咖啡館參與共備，想說是週一下班後，又遠得要命，自己一定是最遠最感人的吧，正在碎唸時，坐旁邊的老師說：「我從台中來，每個月都來。」心如老師驚呆，她自己用國教資源辦理全縣研習，給公假、給研習時數、給餐盒、給飲料，都還沒人要來，這裡到底有什麼魔力?!一路跟隨到現在，心如老師和也是從代課時期就是夜間咖啡館共備夥伴的新竹縣六家高中葉人萍老師，共同經營主理「新竹藝術學思達共備社群」（二〇一九年十月成立），能量飽滿，有聲有色，嘉惠整個桃竹苗、台中、南投的中部夥伴一起共學成長。桃園則有夥伴龍山國小林富君老師，結合桃園市國小藝術輔導團的資源，召集「桃園藝術學思達共備社群」（二〇二〇年五月成立），特別在國小端的藝術教育持續奉獻著。還有桃園市大有國中余采樺老師、新北市石碇高中蘇郁涵老師、台中市神圳國中王筱瑜老師等咖啡館共備夥伴，現在都成為將自己的感動與改變化為無私分享、深具影響力的老師了。

在最初，孤身一人前行時，我總會在每則關於課堂分享與教學省思貼文最後加上一行「＃念念不忘必有迴響」。回首這一路，好榮幸在每個時期有不同夥伴加入同行，而且不離不棄，並肩向前。每次的討論激盪，總讓我們的課程不斷迭代、不斷更新。學思達的踐行，讓老師們也走在不斷「自學、思考、表達」的路上，沿途經歷的是一幕幕「探究、解讀、發想、測試、改良」的設計思考風景。因為支持著課堂現場的學生，陪伴有志改變的夥伴，我找回身為藝術老師的價值與使命。

國家圖書館出版品預行編目 (CIP) 資料

點亮藝術力 / 孫菊君著 . -- 第一版 . --
臺北市 : 遠見天下文化出版股份有限公
司 , 2021.06
面 ; 公分 . -- (教育教養 ; BEP065)
ISBN 978-986-525-123-9(平裝)

1. 藝術教育 2. 中等教育
524.37
110004445

教育教養 BEP 065

點亮藝術力

打造有感學習的創意課堂，讓天賦發光，培養面對未來的關鍵能力

作者 — 孫菊君

總編輯 — 吳佩穎
人文館資深總監 — 楊郁慧
責任編輯 — 莊琬華（特約）、楊郁慧
封面設計 — 廖韡（特約）
內頁設計、排版 — 顧力榮（特約）

創辦人 — 高希均、王力行
遠見・天下文化 事業群榮譽董事長 — 高希均
遠見・天下文化 事業群董事長 — 王力行
天下文化社長 — 林天來
國際事務開發部兼版權中心總監 — 潘欣
法律顧問 — 理律法律事務所陳長文律師
著作權顧問 — 魏啟翔律師
社址 — 臺北市 104 松江路 93 巷 1 號
讀者服務專線 —（02）2662-0012
傳真 —（02）2662-0007；2662-0009
電子郵件信箱 — cwpc@cwgv.com.tw
直接郵撥帳號 — 1326703-6 遠見天下文化出版股份有限公司

製版廠 — 中原造像股份有限公司
印刷廠 — 中原造像股份有限公司
裝訂廠 — 中原造像股份有限公司
登記證 — 局版台業字第 2517 號
總經銷 — 大和書報圖書股份有限公司 ｜ 電話 —（02）8990-2588
出版日期 — 2021 年 6 月 30 日第一版第一次印行
2023 年 11 月 9 日第一版第三次印行

定價 — NT 400 元
ISBN—978-986-525-123-9

書號 — BEP 065
天下文化官網 — bookzone.cwgv.com.tw

天下文化

BELIEVE IN READING